그게
뭐라고
자꾸
신경이
쓰일까?

그게
뭐라고
자꾸
신경이
쓰일까?

초판 1쇄 발행 2017년 02월 10일
초판 3쇄 발행 2017년 11월 2일

지은이 차희연
펴낸이 이지은
펴낸곳 팜파스
기획편집 김소현
디자인 지선 디자인연구소
마케팅 정우룡
일러스트 영수
인쇄 (주)미광원색사

출판등록 2002년 12월 30일 제10-2536호
주소 서울시 마포구 어울마당로5길 18 팜파스빌딩 2층
대표전화 02-335-3681
팩스 02-335-3743
홈페이지 www.pampasbook.com | blog.naver.com/pampasbook
이메일 pampas@pampasbook.com

값 14,000원
ISBN 979-11-7026-143-8 (03180)

이 도서의 국립중앙도서관 출판예정도서목록(CIP)은 서지정보유통지원시스템 홈페이지
(http://seoji.nl.go.kr)와 국가자료공동목록시스템(http://www.nl.go.kr/kolisnet)에서 이용
하실 수 있습니다. (CIP제어번호 : CIP2017001213)

자꾸만 예민해져서
삶이 피곤하게 느껴지는 이들을 위한
심리해부서

그게
뭐라고
자꾸
신경이
쓰일까?

차희연 지음

팜파스

당신도
예민한가요?

한 여배우가 방송에서 자신은 성격이 예민해서 어떤 일을 시작할 때 완벽함을 추구하느라 스트레스를 많이 받는다고 말했다. 신체적인 능력은 따라주지 않는데 수십 번 고민하고 생각하느라 무슨 일이든 시작만 하면 바로 대장에서 소식이 왔다고 한다. 그래서 중국에서 활동을 할 때 과민성 대장증후군 때문에 크게 고생을 했고, 이렇게 1년간 지내다 보니 피부가 파랗게 변하고 밥을 못 먹어서 일주일 정도 피를 토한 적이 있다고 털어났다.

이처럼 스스로 자신이 예민하다고 생각하는 사람들이 있다. 그리고 이 예민한 성격 때문에 사회생활을 하기가 피곤하다고 토로한다. 예민한 성격을 고칠 수 있는 방법이 있는지 물어보고 어떻게 하면 다른 사람

내가 그 말에
제일 예민하다고!

의 사소한 표정이나 사소한 말에 민감하게 반응하지 않을 수 있는지 알고 싶다고 한다. 자신의 예민함 때문에 사람 만나는 것이 피곤할 뿐만 아니라, 사람 만나는 것이 두렵기까지 하다고 말한다.

심리학에서는 '예민함'을 다루는 영역이 없다. '예민한 성격'이나 '예민한 생각'이나 '예민한 감각'과 같은 '예민함'을 특정한 영역으로 따로 다루는 분야가 없기 때문에, 자신의 예민함을 이유로 선뜻 상담을 받기 어렵다.

유난스럽게 반응하고 유별난 사람이라는 딱지가 붙는 경우가 많아서, 다른 사람에게 그런 사람 취급을 받고 싶지 않아 자신이 예민하다는 사실을 숨기려고 노력한다. 그리고 스스로 예민함을 극복하기 위해서 여러 노력을 해보지만 여러 번의 시행착오 끝에 극복은커녕 더 많은 상처를 받고 자책만 한다. 또 이러한 자신의 예민함을 탓하면서 스트레스를 받기 시작한다.

타고난 예민함인가? 후천적인 예민함인가?

예민한 사람들은 분명 존재한다. 성격이 예민할 수도 있고, 민감한 감각(오감: 시각, 청각, 후각, 미각, 촉각)을 타고났을 수도 있다. 또한, 주변 사람들과의 관계를 예민하게 파악할 수도 있고, 아주 사소한 1mm의 차이를 알아챌 수 있는 예민함을 갖고 있는 사람도 있다. 다른 사람의 감정을 민감하게 알아챌 수도 있고, 다른 사람의 감정이나 감각을 자신이 대신 느끼기도 한다.

그리고 태어나면서부터 예민한 사람도 있지만 예민함을 연마하고 연습해야만 살아남는 직업을 갖고 있는 사람들도 있다. 예를 들어 의사는 0.1mm의 미세한 차이를 알아채야만 한다. 이러한 미세한 차이를 느끼지 못하면 한 사람의 목숨이 위태로워지기도 한다. 또한, 민감하게 사람들의 감정변화를 느껴야만 하는 직업도 있다. 변호사는 판사와 피의자, 변호인들의 미세한 감정변화를 느껴야만 한다. 그러한 예민함을 통해 재판에서 이길 수 있는 사소한 무엇인가를 알아낼 수 있다. 이렇듯 무언가를 민감하고 예민하게 알아채야만 하는 직업들이 존재한다.

어쨌든 예민하다는 것은 한 사람으로서 매우 괴로운 일일 수 있다. 무엇을 시작하든, 어떤 상황에 처하든, 어떤 사람을 만나든, 자신도 모르는 사이에 그 상황이 계속 머릿속에서 떠오르기 때문이다.

중요한 미팅을 앞두고 수없이 많은 경우의 수를 모두 생각한다. 만약에 생길 수 있는 경우의 수에 따라서 어떤 행동을 해야 할지, 어떤 말을 해야 할지, 모두 고민한 후에 미팅에 참석하고 미리 생각하지 못한 변수가 나타나면 집에 와서 자책한다. 자신이 제대로 대처하지 못한 그 상황을 집에서 다시 생각하고 또 생각한다. 그리고 후회하고 또 후회하는 것이다. 이미 지나간 일이라고 포기할 수 있으면 참 좋겠지만, 스스로 포기가 되지 않는다. 그 일을 바로잡아야 한다면 또 바로잡기 위해서 수없이 많은 경우의 수를 따지고 따지면서 고민하기 시작한다.

일할 때만 이 예민함이 발동하면 그래도 괜찮다고 할지 모른다. 그러나 이렇게 예민하면 사람들을 편하게 만나지 못한다. 친구와 커피를 마실 때조차도 예민함이 발동된다. 두 시간 동안 편안하게 한 말 중에서 단 한마디가 머릿속에서 계속 뱅뱅 맴돌면서 왜 그렇게 말했는지 물어보고 싶은 마음이 굴뚝같다. 하지만 친구한테 물어보면 소심하다는 말을 듣거나, 까칠한 성격이라는 말을 듣게 되거나, 친구가 피곤해할까 봐 물어보지 못하고 혼자 계속 머릿속에서 생각한다. '대체 그 친구가 왜 이렇게 말을 했을까' 하고 말이다.

예민함에도 종류가 있다

자신의 '예민함'이 성격 때문인지, 민감한 감각 때문인지, 예민하게 상황파악을 해야 하기 때문인지 자신의 예민함의 종류를 파악하게 되면 '자신의 예민함'을 활용할 수 있게 된다. 또한 자신의 '예민함'이 선천적인 것인지 후천적인 것인지에 따라서 어떻게 대처해야 할지도 알 수 있게 된다.

예민하기 때문에 스트레스를 받는다면 하나씩 두드리면서 어떤 부분이 예민한지 살펴보고, 자신의 예민함을 활용할 수 있는 방법을 함께 찾아보자. 예민함은 숨겨야만 하는 까칠한 성격이 아니다. 예민하지 않은 사람들의 입장에서 보면 갖고 싶은 장점일 수 있다. 때문에 자신의 예민함의 근원을 찾아내어 하나씩 점검하면서 치유할 것이 있다면 치유를 위한 노력을 해보고, 활용할 것이 있다면 똑똑하게 잘 활용하면 될 일이다.

4. 자신의 성격에서 발견하는 예민함

5. 예민한 사람들의 대인관계

1

자꾸
예민해져서
힘이
드나요?

나에게 문제가 있는 것은 아닐까?

자신이 예민하다고 생각하는 사람들은 상담을 할 때도 자신이 예민한 사람이라고 먼저 소개를 하고 대화를 시작한다. 프로젝트가 시작되고 그 일이 중요할수록 잠을 못 자는데 일주일 동안 다섯 시간도 못 잔 적도 있다고 한다. 너무 예민해서 거래처와 미팅 전날이면 머릿속에서 미팅 중에서 생기게 될 수도 있는 경우의 수를 모두 머릿속으로 생각한다. 거래처 사람과 얘기를 나눠야 되는 상황이라면 대화의 '기승전결'에 대해 먼저 시나리오를 짜고 마무리는 어떻게 해야 할지를 고민한다. 혹시라도 우리의 제안 리스트 중에서 거래처 사람이

거절할 가능성이 있다면 어떻게 설명을 해야 할지 각각의 시나리오 시뮬레이션을 하다 보면 어느새 아침이 되어 있다.

고객사와 미팅을 하다 보면 고객사 담당자의 표정이나 단어에서 그 사람의 생각을 읽어내고, 담당자의 관심이 바뀌는 것을 민감하게 알아채려고 신경이 계속 곤두서 있기 때문에 미팅을 하고 난 날 저녁에는 거의 녹초가 되어 있다. 회사에서 타부서와 회의를 할 때면 사내정치와 인맥, 그리고 그 속에서 일어나는 끊임없는 기싸움을 보게 된다. 보이지 않는 전쟁을 바로 옆에서 보고 있는 듯한 느낌이 들어서 회의가 끝나면 벌써 혼자 지쳐 있는 경우가 많다. 동료들은 또 어떤가? 동료들 한 명 한 명 다 성격이 다르고 입장이 다르기 때문에, 사람에 따라서 친근하게 다가가기도 하고 일 중심적으로만 관계를 맺기도 한다.

상대방에 따라서 다르게 행동하는 것은 일부러 하는 것이 아니라 상대방이 무엇을 편하게 생각하는지 자신도 모르게 입력되어 행동이 나오는 것이다. 머릿속으로 전략을 짜고 계획을 세우는 과정도 어느 순간부터 생략이 되어서 그냥 상대방에게 자동적으로 맞추고 있는 것이다. 자신이 불면증인 이유가 자신의 예민함 때문이라고 생각하는데, 그들의 머릿속에는 낮에 일어난 일들이 계속해서 떠오른다.

'그 사람이 왜 그런 말을 했을까?'

'왜 그런 행동을 했을까?'

'왜 그런 표정을 지었을까?'

그 상황이 사진에 찍힌 듯이 너무 선명하게 기억에 남고, 상대방이 한 말이 너무 정확하게 기억에 남아서 시간이 지나도 그 상황을 정확하게 기억하는 것은 자신밖에 없는 것이 너무나 이상할 정도이다.

이렇게 선명하게 기억하는 것이 좋을 때도 있지만, 너무 사소한 것들이 기억에 남아서 밤에 잠을 못 자게 되는 일들이 많은 것이 문제이다. 청력은 왜 이렇게 좋은 것인지 동료들이 하는 지나가는 말들이 들리는데, 그게 신경 쓰이는 말이면 그날 또 밤에 생각의 생각을 하다가 간신히 잠들 때가 한두 번이 아니다. 동료들의 사소한 행동에도 자신이 너무 예민하게 반응을 하는 것인지, 그냥 넘어가도 되는 것인지를 계속 생각을 한다.

예민한 사람들이 갖고 있는 불안감

'내가 이렇게까지 예민한 것이 지나치게 유별난 것이 아닐까' 하는 생각을 해본 경험이 있을 것이다. 기억하고 싶지 않은 것들을 너무 자세히 기억하고, 그냥 지나쳐도 되는 것들이 눈에 보이고, 다른 사람들의 작은 말소리가 너무 잘 들리는 것은 뭔가 문제가 있는 것은 아닐까?

아주 사소한 사건인데 두고두고 기억에 남아서 머릿속에서 계속 리플레이(replay)가 된다. 자신에게는 아주 중요한 문제라 참고 참다가 말을 했는데 주변 사람들은 '그렇게 사소한 일을 아직까지 기억하느냐'는 핀잔을 하기도 하고, 무슨 그런 사소한 것으로 예민하게 구냐는 말도 들었을 것이다. 이런 경험이 몇 번 되풀이되면 '자신에게 무언가 문제가 있는 것은 아닐까' 하는 걱정에 또 잠을 이루지 못하기도 했을 것이다.

병원을 찾아다니기도 하고 비슷한 사람들이 있으면 그 사람의 경험에서 해결방법을 찾고자 했을지도 모른다. 병원에서 혹시라도 자신의 예민함을 해결할 수 있는 방법을 아는 의사가 있을지도 모른다는 희망에 이것저것 물어보기도 했을 것이다. 하지만 정확한 진단명이나 원인을 찾지 못할 뿐만 아니라 병이 아니라는 이야기를 듣고는, 의사조차 자신의 예민함에 대해서 설명해줄 수 없다는 사실을 알고 절망했을지도 모른다.

예민한 사람들이 더 많은 스트레스를 받는 이유는 다른 사람들이 보지 못하는 것, 듣지 못하는 것, 자각하지 못하는 것들을 더 예민하게 자각하기 때문이다. 문제는 '다른 사람들과 다르다는 사실이 문제가 아닐까' 하는 생각을 하기 때문에 더 많은 스트레스를 받는다는 것이다. 그래서 두렵기도 하고, '자신에게 무슨 문제가 있지 않을까' 하는 생각이 자신을 더 괴롭힌다.

분명 함께 있던 사람들은 아무렇지 않아하는데, 자신에게는 큰 상처가 되는 것을 발견하게 된다. 또한, 자신이 예민하다고 생각하지 않았는데 어떤 특정한 상황에서 예민함을 느끼는 것을 알아챌 수도 있다.

자신의 예민함을 이해하지 못할수록 일상적인 생활에서 생길 수 있는 사소한 상황을 위험한 것으로 잘못 해석할 가능성이 높다. 불안감을 계속 갖고 있으면 사소하고 작은 상황이라고 할지라도 그냥 지나치지 못하고 경고의 신호로서 해석을 해버리고 두려워하고 불안해하게 된다. 이렇게 한 번 불안감을 느끼기 시작하면 스스로 불안감을 극복하기 위해서 나름대로 계속 생각을 거듭하면서 문제를 해결하려고 노력한다.

자기의 예민함이 어디에서부터 시작됐는지 실체를 모르기 때문이기도 하고, 원인을 알아도 스스로 해결할 수 없다고 생각하는 경우도 있다. 실체를 정확하게 이해하지 못할 때 인간은 불안감을 느끼게 된다. 상황을 정확하게 파악하지 못했다고 생각하면 본능적으로 생존 시스템이 가동되기 시작한다. 많은 정보를 인지할 수 있는 반면, 그 정보들을 해석할 수 있는 시간과 여력이 없기 때문에 불안해한다. 해석되지 않은 사소한 다양한 사건들에 대해 힘들어하는 것이다.

자신의 예민함이 민감하게 느끼는 감각 체계 때문인지, 불안감을 극복하기 위해서 계속 생각을 하면서 만들어진 생각 시스템 때문인지, 자신의 성격에서 생긴 예민함 때문인지, 자신이 예민하게 느낀 부분을 상대방에게 잘 표현하지 못해서인지 더 구체적으로 쪼개서 봐야 한다. 즉, 자신에게 일어난 일의 실체를 파악하지 못하면 더욱 불안감을 느끼게 되어 있다. 하지만 불안감은 그 실체를 파악하면 사라지게 된다.

나는 왜 이렇게 생각이 많은 것일까?

　　　　　예민한 사람들은 아주 사소한 순간을 정확하고 구체적으로 기억하는 경향성이 있다. 상대방은 기억을 하지 못하는데 자신만 그 상황을 묘사할 수 있을 정도로 구체적으로 기억하는 것이다. 상대방이 한 말을 정확하게 기억하고, 어떤 상황에서 어떤 표정과 말투로 말을 했는지가 너무나 선명하게 기억에 남아서 신경을 안 쓰고 싶어도 신경이 쓰이는 것이다. 다른 사람들에게 고민 상담을 하고, 신경을 쓰지 않으려고 노력도 해보지만 별다른 변화가 없어서 스스로 너무나 힘든 것이다. 아마 한 번쯤은 이런 생각도 해봤을 것이다.

"대체 나는 왜 이렇게 생각이 많지?"

생각이 많은 것이 문제가 되는 것은 아니다. 생각이 많은 것 자체는 매우 좋은 습관일 수도 있다. 생각이 많은 것에서의 문제는 생각을 제어할 수 없다는 것이다. 자신이 어떤 상황에서 생각이 시작되는지 그 발단을 찾아내지 못하고, 자신이 하는 생각이 자꾸 자신도 모르게 생각에 생각을 거듭해서 과도하게 생각의 쏠림(Over Thinking)이 시작되는 것이다. 자신이 지금의 상황을 어떻게 해석하고 있는지, 해석이 긍정적인지 부정적인지 생각할 겨를이 없이 생각에 이끌려가는 것이다. 그리고 혼자서 결론을 내거나, 어떻게 해야 할지 몰라서 스트레스가 되는 것이 문제인 것이다.

남녀 간에 싸움을 하다 보면 혼자 생각을 하다가 실제 사건과 상관없이 혼자 결론을 내는 경우가 생기기도 한다. 한 젊은 연인의 이야기이다. 남성이 친구와 술을 마시고 집에 가서 여자친구에게 연락을 하기로 했다. 남성은 휴대폰 배터리가 나갔다는 사실을 모른 채 술을 마시다가 휴대폰이 꺼져버렸고, 충전을 급하게 했지만 배터리의 잔량이 많지 않아서 여자친구에게 간단하게 메시지만 남기고 집으로 들어갔다. 그리고 집에서 충전을 하고 전화를 해야겠다는 생각을 하다가 그만 술기운에 잠이 들어버렸다.

이 시간에 여성은 연인이 술을 마신다는 사실을 알고 있었지만 연락이 되지 않아서 무슨 일이 있는 건 아닌지 걱정을 하기 시작했다. 그냥 처음에는 심심하기도 하고 궁금하기도 해서 메시지를 보냈다. 하지만 메시지를 확인하고 답도 없고, 겨우 대답이 온 것이 술을 마시고 있다는 것과 함께 배터리가 없어서 연락을 못한다는 문자를 보내온 것이다. 여성은 처음에는 '그런가 보다' 하고 생각을 하면서도 한편으로는 집에 잘 들어갔는지 걱정이 되기 시작했다. 집에 들어가서는 충전을 하고 연락할수 있을 것이라는 생각에서였다.

하지만 새벽 1시가 지나고 2시가 지나면서 배터리의 문제가 아니라 연락을 하지 않는 다른 이유가 있을 것이라고 확신을 하기 시작한다. 다른 여자가 생긴 것은 아닐까? 자신에게 싫증이 났기 때문에 전화를 피하는 것이라는 확신이 들기 시작하면서 다음날 아침에는 이미 헤어지기로 마음의 결정을 내렸다. 그리고 아침에 남성이 일어나자마자 미안한 마음에 전화를 하자 여성은 대뜸 이별을 선언해버리는 것이다.

생각이 계속 멀리 나가게 되면 실제로 어떤 일이 있었는지는 잊어버리고 혼자 내린 결론이 진실이라고 생각하고 객관적인 사실을 주관적으로 해석해버리는 오류를 범한다. 따라서 자기 생각의 흐름을 관찰하고 관리하는 방법을 훈련하고, 불필요한 생각을 끊는 연습이 필요하다. 하

지만 구체적으로 어떤 방식으로 생각의 흐름을 관리해야 하는지 모르기 때문에 생각을 관리하는 것이 아니라 자신의 생각에 이끌려가게 된다.

우리는 예민하다는 것을 과도하게 많이 생각하거나 사소한 일을 너무 과하게 생각하는 것이라 여긴다. 하지만 '예민함'이라는 단어를 온라인에서 검색해보면 무엇인가를 느끼는 능력이나 분석하고 판단하는 능력이 빠르고 뛰어난 것을 의미한다고 나와 있다. 예민한 사람들은 자신의 예민함으로 스트레스를 받기 때문에 반드시 고쳐야 하는 정신 구조라고 생각한다. 하지만 예민하다는 것은 분명 우리에게 도움을 주는 일련의 정신적인 과정이다.

예민함은 병이 아니다

예민한 것은 병이 아니기 때문에 병명이 없다. 우리는 예민해서 잠을 잘 못 자기도 하고, 사람들과 만나면 피곤할 때도 있다. 스트레스가 더 심하게 느껴지기도 하고, 작은 스트레스에도 소화가 안 될 때도 있고, 심지어 아플 때도 있다. 그런데 병원에 가서 진단을 받으면 신경성이라는 진단만 나오고, 우리가 할 수 있는 것은 마음을 편하게 가져야 한다고만 한다. 그 마음을 편하게 가져야 하는 것이 안 되기 때문에 병원을 가는데 말이다.

만성적인 스트레스를 받게 되어도 신경계가 예민해질 수 있다. 보통 우리가 스트레스를 받게 되면 자신도 모르는 사이에 긴장을 하게 된다. 스트레스가 많다는 것은 휴식시간조차 편하게 쉬지 못하고 긴장을 하고 있다는 것을 의미한다. 계속 긴장상태를 오래 유지하게 되면 신경계가 예민해진다. 그래서 사소한 일에도 짜증을 내거나 휴식시간에도 편하게 쉴 수 없게 된다.

우리는 예민하다는 단어 하나로 우리가 경험하는 그 모든 것들을 표현한다. 그래서 예민한 사람들이 서로 비슷한 경험을 하고 있을 것이라고 생각한다. 하지만 예민하다는 단어는 우리가 느끼고 경험하는 예민함을 모두 표현할 수 있는 단어가 아니다. 어떤 사람은 시각적인 부분에 민감한데 어떤 사람은 생각이 너무 많아서 예민함을 느낀다. 그래서 예민한 사람끼리 만나도 미묘하게 차이가 있다.

아이를 키우는 부모들 사이에서는 예민한 자신의 아이를 어떻게 키워야 하는지에 대한 질문을 많이 한다. 예민한 아이를 키우는 법에 관련한 육아관련 정보도 상당히 많다. 예민하게 태어나는 아이가 존재하는데, 예민한 성인이 있는 것은 당연한 일이다. 선천적으로 민감한 신경계를 타고난 사람이 있기 때문이다.

임상심리학자 아론(Elaine N. Aron)박사에 따르면 사람들 가운데 20퍼센트 정도는 선천적으로 신체적으로도 민감하고 정서적으로도 섬세하게 태어난다고 한다. 섬세하고 예민하고 민감한 특성을 갖고 있는 사람은 다른 사람들에 비해서 주변 상황의 작은 변화에도 크게 반응하고 주의 깊게 생각한다. 행동을 실행하기 전에 상황을 정확하게 파악하려는 경향도 많다. 또한, 민감한 사람이 쉽게 상처를 받는다. 이런 경향 때문에 타인의 행동에서 상처를 받더라도 까칠하다는 말을 들을까 봐 대응하지 못한다. 그래서 더 외롭다고 느끼고 자기의 마음을 숨기곤 한다.

예민한 사람이 모두 스트레스를 받고 상처를 받는 것은 아니다. 오히려 자신의 예민함을 직업에서 잘 활용하는 사람도 있다. 자신이 어떤 면에서 민감하고 예민한지를 파악하는 '자기이해능력'이 높은 사람은 자신의 민감함과 예민함을 활용한다. 민감하게 알아챈 주변 상황을 자신에게 유리한 정보로써 활용하기도 한다. 남들이 갖고 있지 않은 특성을 활용하면 축복이지만 스트레스라고 받아들이면 재앙이 된다. 자신에게만 있는 예민한 능력을 활용하기 위해서는 먼저 자기이해 능력을 높여야 한다.

예민함에도 종류가 있다고?

예민함에는 종류가 있다. 자신이 어느 부분에서 예민한지에 대해서 생각해본 적이 없을지도 모른다. 많은 이들이 사람에 따라서 각기 다른 예민함이 있다는 사실을 잘 모른다. 예민한 것에도 종류가 있음에도 불구하고 사람들은 '예민함'이라는 한 단어로 표현을 한다.

예민함에는 강도가 있다. 같은 자극에도 다른 강도로 그 예민함을 받아들이게 된다. 서로 예민하다고 하지만 어떤 사람은 자신이 예민하게

"세상에서 가장 울컥하게 하는 말 1위"

받아들인 사건으로 인하여 트라우마(심리적 외상)가 생기기도 한다. 반면, 어떤 사람들은 좀 오래 생각하고 고민하지만 상처를 받지 않기도 한다.

"내가 예민한 성격이라서 그래."

이렇게 예민한 성격이라는 한 단어로 표현하면 자신이 어떤 부분에서 예민한지 파악하기 힘들다. 자신의 예민함을 다루기 위해서는 자신의 예민함이 어느 부분에 해당하는지를 이해하는 것이 좋다. 인간은 환경의 변화에 대응하고 적응하기 위하여 오감인 시각, 청각, 후각, 미각, 촉각을 활용하여 외부의 정보를 받아들인다. 오감을 통해서 받아들인 정보는 뇌의 전 영역에 걸쳐서 빠르게 정보가 이동하면서 상황을 분석한다. 상황을 분석하고 판단하는 과정에서 자신의 생각과 가치관, 경험과 습관, 성격에 따라 더 주의 깊게 관찰하거나 생각하게 되는 부분이 생기게 된다. 그리고 인간이 경험하는 환경에서 자신만의 방식으로 대처하게 된다. 이렇게 외부의 정보를 받아들이고 해석하고 행동하는 그 모든 과정에서 '예민함'이 생길 수 있다.

예민함을 느낄 수 있는 영역의 첫 번째가 바로 '오감의 예민함'이다. 이는 정보를 받아들이는 오감인 시각, 청각, 촉각, 후각, 미각의 각 영역이 민감(敏感)한 것을 말한다. 감각이 민감하면 다른 사람에 비해서 그 감각에서 들어오는 정보를 더 크고 더 예민하게 받아들이게 된다.

두 번째가 바로 '생각의 예민함'이다. 사람이 살아온 삶과 환경이 다르기 때문에 경험 또한 다 다르다. 상처가 된 큰 사건을 경험한 사람들은 트라우마를 겪기도 하고, 같은 실수를 반복하지 않기 위해서 자신도 모르게 사건을 더 예민하게 받아들이게 되어 생각을 과도하게 많이 하게 된다.

세 번째가 '성격의 예민함'이다. 한 사람이 태어나고 삶을 살아가면서 성격이 형성된다. 예민함은 성격에 따라서 다르게 오기도 하는데, 외향적인지 내향적인지에 따라서 예민함이 다른 것이 아니라 어떤 성격이 되건 성격에 따라서 예민하게 여기는 부분이 존재한다.

네 번째가 대인관계에서의 예민함이다. 예민한 사람들은 상대방의 성향에 맞추어 상대방을 편안하게 해주려고 노력한다. 하지만 한편으로는 너무 상대방의 눈치를 보는 것 같고, 다른 사람들의 사소한 말과 행동에 자신이 지나치게 신경을 쓰는 게 스스로 스트레스가 된다. 자신이 예민한 사람으로 보이는 것이 싫거나 매번 상대방에게 말을 하는 자신이 까칠한 사람으로 보여질까 봐 조용히 넘어가서 더 스트레스가 되기도 한다.

예민해서 스트레스를 받고 있는가?

        예민한 것 자체가 스트레스인 것이 아니라, 예민하기 때문에 사는 게 불편하여 스트레스를 받는 것이다. 회사에서 전체 회의만 참석해도 사람들의 기싸움이 눈에 보이고 사내정치와 인맥도가 한눈에 들어온다. 누가 자신에게 보이지 않는 싸움을 걸어오면 기싸움을 하면서 감정소모를 하기 때문에 힘들어진다. 상대방의 표정만 봐도 어떤 생각을 하고 있는지 알 것 같아서 불편하고, 사람들의 사내정치 속 줄서기도 눈에 거슬리는 게 문제다. 고객사의 한마디에도 잠을 못자는 경우가 허다하고, 직장 상사의 말 한마디에도 상사의 기분을 읽어내는 자신이 피곤하고, 스트레스를 받는 것이 문제인 것이다.

2장에서는 '민감한 감각'에 대해서 다룰 것이다. 태어날 때부터 보고 듣고 느끼는 것에 민감한 사람들이 존재한다. '예민'한 것이 아니라 '민감' 하다고 하는 이유는 감각체계가 다른 사람보다 더 민감하게 태어난 사람 이 있기 때문이다. 감각이 민감해서 같은 상황에서 더 많이 보이고 들리 고 느끼게 된다. 스스로 예민하게 느낄 수밖에 없는 사람들도 있다. 그리 고 자신의 민감한 감각을 잘 활용하여 삶과 직업에서 성공적으로 활용한 사람들에 대해서도 얘기할 것이다.

민감한 감각만이 반드시 예민한 사람을 만드는 것은 아니다. 어떤 사 람은 그냥 눈에 띄는 것들이 있다고 받아들이기도 하지만, 어떤 사람은 예민하게 받아들이고 스트레스를 받기도 한다. 예민함을 만드는 '생각의 습관'은 3장에서 다룰 것이다. 이런 생각의 습관은 이유 없이 만들어지지 않는다. 예민한 사람들에게는 스스로를 예민하게 만드는 사고(思考) 시스 템이 있다. 살아온 환경이나 경험, 혹은 지식에 따라서 예민하게 반응하 게 된다. 그것이 예민함을 만드는 생각의 습관이 된다. 자신의 삶과 경험 에서 생긴 '생각 시스템'을 이해하면 자신을 이해할 수 있게 된다.

4장에서는 '예민함'을 성격에서 찾아볼 것이다. 자신이 예민하다고 하는 사람들은 스스로 '예민한 성격'이라고 말을 한다. 자신의 타고난 성격이 예민하다는 것이다. 하지만 평상시에는 예민하지는 않지만 특정한 것에 예민하게 반응하는 경우도 있다. 자신의 성격이 타고난 예민함을 갖고 있는 것인지, 경험에 의해서 생긴 예민함인지를 구분할 수 있어야 한다.

성격이 예민하다면 활용해야만 한다. 치유를 받고 바꿀 수 있는 문제가 아니다. 자신의 성격을 이해하는 것은 자신을 이해하는 과정이다. 그리고 자기를 더 자기답게 만드는 것이 자신의 성격을 이해하여 활용하는 것이다. 자신을 이해하면 스스로 남들보다 더 스트레스를 받는 원인을 파악할 수 있기 때문에 자신의 예민함을 긍정적으로 활용할 수 있게 된다.

5장에서는 '예민한 사람들의 대인관계'에 대해서 다룰 것이다. 예민한 사람들은 대인관계에서도 다양한 문제를 겪고 있는 경우가 많다. 그러나 정작 예민함 때문에 자신은 스트레스를 받기도 하지만, 실제로 직장에서 성격이 좋은 사람으로 통하고 있을지도 모른다. 자신의 예민한 특성을 대인관계에서 어떻게 활용해야 하는지를 알면 자신의 예민함이 강점이 될 수도 있다.

예민한 면이 있는 사람이 아주 사소한 것까지 상대방에게 말로써 표현을 하게 되면 간혹 까칠하다는 말을 듣게 된다. 그래서 오히려 정확하게 의사표현을 해야 하는 상황까지도 참는 경우가 생긴다. 문제는 표현하지 않을수록 더 스트레스를 받게 된다는 것이다. 자신의 예민함을 세분화하여 원인을 파악할 수 있게 되면 지금보다 자신의 예민함을 더욱 잘 다룰 수 있게 된다.

앞서 말했듯이, 예민한 게 문제가 아니라 자신의 예민함 때문에 스트레스를 받는 것이 문제이다. 그러한 스트레스 때문에 예민함의 원인을 찾고 해결하고 싶어 하는 것이다. 하지만 모든 예민한 사람들이 이런 과정을 겪는 것은 아니다. 예민하더라도 어떤 사람들은 예민함을 활용하여 더 나은 삶으로 나아가는 사람이 있다. 하지만 활용할 수 있는 경지에 오르지 못하는 경우는 자신의 예민함을 일종의 위험경보로 받아들이고 지속적인 스트레스를 경험한다.

2

특별한 존재로
만드는
선천적 능력,
민감한 감각

타고난 예민함,
특별하게 태어난 사람들

:::: 어쩌면 축복받은 존재,
:::: 예민한 사람들

우리의 예민함은 축복이다. 예민한 사람들은 주변의 상황을 더 빠르게 파악하고 타인의 감정변화를 민감하게 알아채기도 한다. 남들이 보지 못하는 것들을 보고 빠르게 상황을 파악할 수 있기 때문에 직장에서는 처신을 잘할 수 있다. 한국에서 이런 사람을 눈치가 빠르다고 말한다. 직장상사가 표현은 하지 않지만 기분이 좋지 않다는 사실을 빠르게 눈치

채고, 고객사의 담당자가 무엇을 원하는지 빠르게 알아채기 때문에 남들보다 더 유리할 수밖에 없다.

자신의 예민함을 잘 활용하기 위해서는 자신이 경험하는 예민함을 세분화시켜서 구체적으로 확인을 하는 것이 중요하다. 그 예민함은 자신에게 불편함만 주는 것이 아니라 자신도 모르는 사이에 활용되고 있다는 사실을 알아야 한다. 자기 예민함의 실체를 알게 되면 부정적인 태도에서 벗어날 수 있다.

일반적으로 노래를 배울 때, 한 곡을 한 번에 처음부터 끝까지 그냥 듣고 전체를 외우는 경우는 없다. 한 소절씩 끊어서 배우고 끊어서 배운 노래를 연결해서 전체를 부를 수 있게 된다. 우리가 예민함을 활용하기 위해서는 이렇게 끊어서 배우는 과정이 필요하다. 자신의 예민함을 잘 활용하고 있는 사람들의 경우 자신이 예민하다는 사실을 알고 있지만 스트레스를 받지 않는다. 자신에게 예민함은 자신이 살아가는 데 꼭 필요한 것이기 때문이다.

눈치 없는 사람 VS
눈치 빠른 사람

SNS에 군대 고문관 Best3에 대한 글이 올라와 있다.

1. 훈련 중에 자신이 열심히 훈련에 참여했으니 대대장에게 휴가 보내달라는 이등병
2. 훈련 중에 가짜 군장을 했다가 사단장에게 걸린 이등병
3. 부대에 방문한 대통령에게 말장난하는 이등병

고문관이라는 용어는 '군대에서 눈치가 없어서 주변 사람들까지 힘들게 하는 어리숙한 사람'을 말하는 용어이다. 직장에서도 고문관이 있는데 상식 밖의 행동을 하는 사람을 고문관이라고 한다.

직장인을 대상으로 여론 조사기관이 조사를 했다. '상식 밖의 행동을 해서 고문관이나 또라이로 불리는 동료나 상사와 일해본 경험이 있느냐'는 질문에 전원이 '그렇다'고 대답했다. '현재 다니고 있는 직장에 고문관이 있는가'라는 질문에도 전원이 '그렇다'고 응답했다. 어떤 직장이나 눈치가 없고 일반적으로 예상되는 행동을 벗어나는 사람이 존재하고 있다는 것을 추측해볼 수가 있다. 고문관이 있을 때 어떻게 대처하는지를 물

어본 결과 37퍼센트가 '투명인간 취급한다'고 했다. 상대를 하지 않고 무시를 하는 것이다.

고문관과 예민한 사람 중
누가 직장생활을 잘할까?

갓 입사한 새내기 사원들은 현재 자신이 처한 상황을 어떻게 비유하고 있을까? 취업·인사 포털 인크루트는 최근 1년간 취업한 신입사원 717명을 대상으로 현재 자신의 처지와 가장 걸맞는 속담이 무엇인지 알아보는 설문 조사를 실시했다. 그 결과, 제일 많이 꼽힌 속담은 '눈치가 빠르면 절에 가도 젓갈은 얻어먹는다(36.4%)'였다고 밝혔다. 아직은 모든 게 어리바리할 시기지만 눈치가 빨라야 사랑받을 수 있다는 사실을 신입사원들도 알아채고 있는 것이다.

직장에서 동료에게 도움을 받아야 하는 일들이 많을 텐데, 투명인간 취급을 받는다면 직장에서 적응을 하지 못하고 겉돌게 될 수도 있다. 하지만 예민한 사람은 자신이 상황파악을 위해 애쓰고 있지 않더라도 자연히 잘 알게 되는 일들이 너무나 많다.

동료들이 작은 소리로 소곤소곤 말하는 내용은 보통의 일반적인 청각 능력을 갖고 있는 사람들은 듣지 못한다. 하지만 일반 사람들보다 소리에 예민한 사람들이 있다. 청각적으로 예민해서 다른 사람들의 말소리도 정확하게 들리는 것이다. 청각적으로 예민한 사람들은 정보를 찾아서 다니지 않아도 자연스럽게 다양한 정보를 듣게 된다. 정보를 얼마나 갖고 있는지에 따라서 직장에서의 처신을 다르게 할 수 있다. 눈치를 보고 사람들의 경향을 살피려고 노력하지 않아도 그냥 눈에 보이고, 들리고, 알게 되는 정보가 많은 것이다. 주변을 파악하기 위해서 긴장을 하고 일부러 알아보려고 찾아다니지 않아도 자연스럽게 회사가 어떻게 돌아가는지, 직장 상사가 어떤 기분인지 정보를 수집할 수 있게 된다.

직장에서 주변 상황을 파악할 때 무엇을 통해서 정보를 얻을 수 있을까? 인간이 정보를 수집할 수 있는 기관은 바로 오감이다. 우리는 시각, 청각, 촉각, 후각, 미각으로 구분하는 오감에서 정보를 수집한다. 사람의 몸에는 눈이나 귀와 같이 쌍으로 이루어진 12개의 뇌신경이 있어서 감각 기관의 감각정보를 곧바로 뇌에 전달한다. 뇌의 가장 중요한 기능은 주변에서 일어난 정보를 활용하여 인간이 생존할 수 있게 대응을 하는 것이다. 뇌는 오감을 통해서 파악한 정보가 평상시와 다르지 않다면 신경을 쓰지 않는다. 하지만 새로운 정보가 중요한 것이라면 뇌에서는 그 신호를 증폭시켜서 기억할 수 있게 만든다. 이런 과정을 통해서 사람마다 경험이 다르고 기억이 다르고 각자의 방식으로 환경에 적응하여 잘 살 수 있게 된다.

예민한 이유가
단지 기분 탓만은 아니다

예민한 사람들은 보통 조용하고 소심해 보이고 다른 사람의 눈치를 많이 살피는 듯한 모습을 보일 수 있다. 하버드 대학의 심리학자 제롬 케이건(Jerome Kagan)의 연구에 따르면 예민한 사람들이 경험하는 것들은 그저 그들이 예민하게 느끼는 것이 아니라 실제로 경험하는 것이라고 주장한다.

케이건은 민감한 특성을 가진 아이들을 대상으로 아이들이 성장해나가는 발달 과정을 추적, 연구하는 실험을 진행했다. 연구 대상인 유아들 가운데 누가 민감한 아이들인지 파악하기 위하여 여러 가지 자극에 노출시켰다. 그 가운데 약 20퍼센트의 아이들이 매우 강한 반응을 보였는데, 자극에 당황하거나 놀라서 팔다리를 버둥거리고 울음을 터뜨렸다. 이렇게 강한 반응을 보인 아이들의 3분의 2, 22명은 민감한 아이로 자랐다. 민감한 아이들은 새로운 환경에 처해지면 일반 아이들보다 더 많이 두려움을 느꼈다. 외부의 자극에 더 강하게 반응하는 경향성이 있다는 것이다.

22명 중에서 특히 더 소극적이며 조용하고 다른 사람을 관찰하는 것처럼 보이는 19명의 아이들을 연구했다. 이 아이들은 유아기에 변비, 불면증, 알레르기가 다른 아이들보다 심했다. 연구실 내에서도 일반 아이들보다 심장 박동 수가 더 빨랐다. 예민한 아이들은 신경전달 물질인 노르에피네프린 수치가 높게 나타났는데, 연구실에서 여러 연구를 진행하면서 호르몬이 더 증가했다. 예민한 아이들의 체액에는 스트레스가 많든, 적든 스트레스 호르몬인 코티솔이 더 많이 함유되어 있었다. 그저 예민하게 느끼는 것이 아니라 예민하지 않은 사람보다 더 많이 긴장해 있고, 작은 자극이나 아주 사소한 사건에서도 더 많이 스트레스를 받고, 더 많이 두려움을 느끼고 더 강하게 감정을 느꼈다. 만성적인 스트레스를 경험하는 사람의 신체 상태로 살아가고 있는 것이다. 이렇듯 타고난 예민함은 분명 존재한다.

예민한 오감(五感),
반복되는 생각의 습관

: 불면증이
: 생기는 이유?

"나 어제 저녁에 또 잠을 못 잤어."

불면증이 있는 사람들은 잠을 못 잔 이유가 제각각이다. 왜 잠을 또 못 잤냐고 물어보면 너무나 다양한 이야기가 나온다.

"나는 스마트폰에서 깜빡거리는 불빛에도 잠을 못 자."

"나는 시계 똑딱 소리에 잠을 못 자는데!"

"어제 이 부장이 나한테 뭐라고 했는지 알아? 계속 귀에서 맴돌아서 진짜 열 받아서 잠을 못 잤어."

"며칠 전에 애인이랑 헤어졌는데 그냥 아무 생각도 안 들고 멍한 채로 잠이 안 오더라."

숙면을 취하지 못하고 선잠을 자거나 불면증이 있는 사람들 중에 예민한 사람들이 많다. 선천적으로 감각이 예민한 사람도 있고, 평상시에 스트레스가 많아서 불면증에 시달리는 사람도 많다. 선천적으로 예민한 사람과 스트레스 때문에 예민한 사람의 차이는 분명히 있다.

선천적으로 감각이 예민한 사람은 특정한 감각기관에 대한 민감성을 갖고 있다. 그래서 자신의 경험을 기억하는 방식이 정해져 있다. 어릴 때부터 너무 밝은 불빛 아래에서 빨리 피곤함을 느꼈다거나, 아픈 것을 참지 못하고 유독 힘들어하는 등 오감영역에서 더 민감함을 느낀다. 스트레스 때문에 예민한 사람은 평상시에는 아무렇지 않았던 것이 어떤 사건을 계기로 예민해지는 경우이다. 몇 년간 취업이 되지 않으면 길에서 마주친 직장인의 명찰만 봐도 질투심이 생기게 되거나 열등감이 생기게 된다.

오감은 외부 정보에 민감할 수밖에 없다. 사람이 살아가는 데 가장 중요한 오감, 시각(눈), 청각(귀), 후각(코), 미각(혀), 촉각(피부) 다섯 가지의 감각이 인간을 살리기도 하고 죽이기도 하기 때문이다. 스마트폰을 사용하면서 주변을 살피지 않고 좀비처럼 걷는 사람들을 스몸비(스마트폰+좀비)라고 부르는 신조어가 생겼다. 중국 저장성에서 여성 스몸비가 강에 빠져 숨졌고, 같은 시기에 샌디에이고에서 남성 스몸비가 추락사했다. 스몸비가 사고가 나는 이유는 단 하나이다. 스마트폰에 감각을 집중하기 때문이다. 음주운전으로 사고를 당하는 비율보다 스몸비가 길을 걸으면서 사고가 날 확률이 최소 8배가 높다. 이렇게 한 가지에 집중을 해서 감각을 모두 사용하면 결국 인간이 생명을 유지할 수 없다.

오감은 정보를 수집하는 기관이기 때문에 오감이 민감하지 않으면 안된다. 모든 사람은 오감 중에서 한 개 혹은 두 개의 감각을 주로 사용한다. 결국 오감이 둔감한 것과 민감한 것 중에서 무엇이 더 나은지 구분하는 것보다 '어떻게 오감을 활용하는가'가 중요하다고 할 수 있다.

민감한 오감,
습관의 뇌

맛집을 분석해보면 기본적으로 재료가 맛이 있다. 김치찌개가 맛있는 곳은 김치가 맛있고, 양념게장이 맛있는 곳은 양념에 들어간 재료 하나하나가 맛이 있다. 김치가 맛이 있으려면 배추가 맛있어야 하고, 고춧가루가 좋아야 하고, 젓갈이 좋아야 한다. 맛있는 김치를 만들기 위해서는 맛있고 질이 좋은 재료를 찾아서 구입해야 한다. 좋은 재료들을 활용하여 김치를 만드는 순서에 맞추어 김치를 담구기 시작해야 하는데, 순서가 달라지면 아무리 질이 좋은 재료라고 해도 맛있는 김치를 만들어 낼 수가 없다.

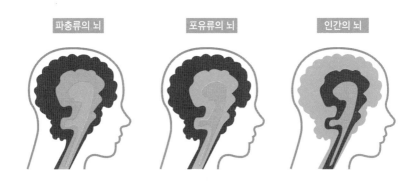

뇌의 3중구조

식당에서 음식을 만드는 재료가 맛있어야 하듯이 사람도 오감으로 받아들이는 정보의 질이 좋아야 하고, 그 정보를 처리하는 과정도 좋아야 한다. 인간이 정보를 처리하는 기관은 뇌이다. 뇌에서 정보를 제대로 처리해야 신체가 환경에 적응하기 위해서 최적의 상태로 만들어낸다. 신경과학자 폴 맥린은 뇌를 진화의 관점에서 설명했다. 인간의 뇌는 3중 구조로 되어 있는데, 양파의 껍질을 벗기면 그 안에 다른 껍질이 있는 것처럼 인간의 뇌는 세 겹으로 이루어져 있다. 가장 안쪽에 있는 것이 바로 뇌간이고, 뇌간을 감싸고 있는 것이 변연계, 변연계를 감싸고 있는 것이 대뇌피질이다.

늦은 저녁 골목길을 걸어가고 있는데 누군가 몰래 따라오는 것 같은 발소리를 느끼게 되면 긴장하여 식은땀이 흐르고, 두려움을 느끼고 신체가 도망갈 준비를 한다. 물론 무엇보다 따라오는 사람이 실제로 있는지 없는지 확인하고, 안심해도 되는 상황인지 도망가야 되는 상황인지를 판단해야 한다. 아주 작은 순간에 이 모든 것들이 이루어진다.

이 상황을 쪼개서 보면 신체가 긴장을 하고 도망갈 준비를 하는 것은 뇌간이 역할을 했다는 의미이다. 뇌간은 '생명유지'의 기능을 한다. '생명유지'를 위해서 뇌간을 통해서 신체가 도망갈 수 있게 준비하여 온몸에 전달하는 것이 온몸으로 연결된 자율신경계의 역할이다.

변연계는 감정과 학습기능을 하는데, 두려움을 느끼거나 분노를 느끼는 등의 감정으로 경험을 기억해야 도망가거나 몸을 지킬 수 있게 된다. 두려운 감정이 들어야 혹시 모를 사고를 대비해서 도망갈 수 있기 때문이다. 뉴스에서 늦은 골목길의 사건사고를 본 경험이 있거나 자신이 과거에 비슷한 상황에서 위험한 적이 있었다면, 이 변연계는 더 빠르게 반응한다. 이렇게 감정을 느끼고 그것을 기억하는 것이 바로 변연계가 하는 역할이다.

안전한 상황인지 도망가야 하는 상황인지를 판단해야 계속 긴장을 하고 있을지 편하게 길을 걸어가도 될지를 알 수 있다. 불필요하게 계속 긴장할 필요는 없기 때문이다. 이렇게 판단을 하는 기능이 대뇌피질의 기능이다. 시험을 앞두고 누구나 시험에서 떨어질까 봐 걱정을 한다. 어떤 사람은 떨어지더라도 시험을 보고, 어떤 사람은 떨어질까 봐 시험을 보러 가지 않는다. 어떤 생각과 판단을 하는가에 따라서 행동이 달라지는 것이다.

예민한 사람들은 정보 수집 단계인 오감에서 예민할 뿐만 아니라, 정보를 수집한 이후에 뇌간 기능인 자율신경계가 빠르고 민감하게 작용을 한다. 본능적으로 공포반응을 더 쉽게 기억하고, 한 번 만들어진 공포는 쉽게 잊지도 못한다. 공포감을 느끼면 도망가게 되어 있는데 계속 피하기 때문에 더 유지되고 강화된다. 한 번 예민함을 느끼고 피하고 싶어지고 싫어하기 시작하면, 이런 과정 자체를 기억하기 때문에 계속 반복해서 경험하게 된다. 예민한 사람이 계속 예민함으로 스트레스를 받는 이유가 바로 이 때문이다.

예민한 사람은
자율신경부터 다르다?

직장생활은
어떻게 스트레스가 되는가?

한 직장인이 건강이 좋지 않아서 병원에 갔다. 의사는 환자에게 처방
전과 함께 여러 가지 조심할 점에 대해서 알려준다.

"삼시 세끼 시간 맞춰 드시고요. 휴식을 취해야 합니다."
그러자 환자는 황당하다는 듯 대답했다.

"저 직장 다녀요."

오랜만에 모인 동창모임에서 한 사람이 혈색이 안 좋아보이는 친구에게 안부를 묻는다.

"요즘 얼굴이 안 좋아 보여. 무슨 일 있어?"

그러자 친구가 대답을 한다.

"나 요즘 직장 다녀."

직장에 다닌다는 말 한마디로 어떤 상황인지 말을 하지 않아도 이 사람의 현재 상태를 짐작할 수 있다. 직장인들의 신체상태는 매일 '긴장상태'이다. 다른 사람들이 하는 말을 정확하게 잘 들어서 해석해야 하고, 일처리를 제대로 해야 한다. 일에 집중하고 있다가도 계속 전화가 울리거나 업무 지시가 떨어진다. 정신없이 미팅하고 고객사를 만나다 보면 퇴근시간이 되는데, 퇴근을 해도 업무가 끝난 것은 아니다. 카톡 업무지시가 남아 있기 때문이다.

사실, 업무지시를 하지 않더라도 팀장님이 잘 쉬라는 안부 문자만으로도 자신도 모르게 긴장상태가 된다. 직장인이 업무처리를 정확하게 할 수 있도록 긴장상태를 유지하는 것과 퇴근을 하고 휴식을 취할 수 있도록 하는 역할은 우리 몸의 자율신경이 한다.

자율신경은 인간이 생명을 유지할 수 있도록 혈액순환도 돕고 체온도 유지하고 소화도 시키는 등의 작용을 한다. 특별하게 조절하려고 하지 않아도 자율신경이 스스로 신체를 유지시킬 수 있도록 균형을 유지하게 만든다. 긴장해야만 하는 상황에서는 의식하지 않더라도 신체가 알아서 긴장상태로 만든다. 긴장상태가 끝나면 휴식을 취할 수 있게 만드는 것도 이 자율신경이 만드는 일이다. 온몸이 긴장할 수 있도록 만드는 것이 교감신경계이고 휴식을 취할 수 있게 만드는 것이 부교감신경계이다. 이두 개의 신경계는 완벽하게 반대의 작용을 하게 한다.

자율신경계는 뇌간에서 시작해서 온몸에 신경이 뻗어 있다. 예민한 사람들의 자율신경계는 정보를 빠르게 자각하고 해석해서 온몸으로 명령을 내린다. 신경계가 민감하면 사소한 자극에도 자주 긴장하게 되고 신체가 휴식을 취하지 못한다. 그리고 휴식을 취하지 못한 채로 계속 긴장을 하면 스트레스를 받게 된다.

오감과 자율신경이 만들어낸
예민한 사람들의 스트레스

직장에서는 긴장을 하고 있어야 업무를 할 때 실수하지 않고 정확하게 일처리를 할 수 있게 된다. 하지만 집에 돌아오면 잘 쉴 수 있게 만드는 것이 바로 부교감신경계이다. 신경계가 각자의 역할을 잘 수행하면 우리가 필요한 순간에 신체가 알아서 긴장을 하기도 하고 이완을 하기도 하면서 스스로 조절을 한다. 자율신경계가 긴장을 많이 하면 각성수준이 높다고 표현을 하고, 이완을 많이 하면 각성수준이 낮다고 표현을 한다.

캐나다의 의학자인 세리에는 쥐 실험을 통해서 교감신경계를 자극해서 지속적으로 긴장수준을 높이는 것이 얼마나 몸에 나쁜지에 대한 실험을 했다. 실험에서 의학용 쥐를 어두운 곳에 가두고 막대기로 쥐를 계속 건드리고 쑤시면서 쥐를 불안하게 만들었다. 이렇게 긴장을 하면 교감신경계가 작동을 해서 긴장하는 상태가 된다. 매일 이렇게 쥐를 괴롭히자 쥐는 궤양이 생기고 스트레스를 낮추는 작용을 하는 부교감 피질에 출혈관이 급속하게 생기기 시작했다. 계속되는 불안과 초조, 긴장은 쥐의 혈관을 좁히고 혈관 끝의 점막부분이 짓무르고 헐면서 궤양이 된 것이다. 이 실험을 통해 지속적인 긴장상태를 스트레스라고 부르기 시작했고, 세리에는 노벨의학상을 수상했다.

이렇듯 신체가 계속 긴장을 유지하는 상태를 스트레스라고 부른다. 스트레스가 모든 사람에게 나쁜 영향을 미친다고 생각을 하지만 사실 스트레스 자체는 그냥 '자극'이다. 자극 자체가 나쁜 것은 아니다. 업무가 있는 것 자체가 스트레스가 되는 것이 아니지만, 업무를 어떻게 생각하고 관리하는가에 따라서 스트레스가 될 수도 있고 적당한 도전과제가 될 수도 있는 것이다.

예민한 사람은 계속 늘어난다. 〈생각하지 않는 사람들〉에서는 인터넷의 발달이 사람들의 뇌구조를 변화시키고 있다고 말한다. 자신이 처해 있는 상황에 적응하도록 하는 뇌의 적응력을 신경 가소성이라고 한다. 신경 가소성으로 온라인과 모바일을 자주 사용하는 환경이 사람의 뇌구조를 바꾸고 있다는 것이다.

온라인의 화면 구성은 사람들이 클릭할 수 있도록 더 자극적이고 더 눈에 띄게 디자인이 되어 있다. 이러한 인터넷과 구글의 화면 구성이 사람의 집중력을 방해하고 산만하게 만든다. 인간이 정보를 받아들일 수 있는 한계가 있는데 너무 많은 인터넷 환경의 정보들이 정보의 과부하를 만들고 이것이 인간을 더 산만하게 만드는 것이다. 모바일도 마찬가지이다. 업무 이메일의 알람, 카카오톡의 알람, 전화와 문자뿐만 아니라 다양한 어플리케이션의 알람들이 울린다.

산만하게 되면 깊은 생각을 하지 못하게 되면서 사람들은 불안감을 느끼고 이런 산만함이 스트레스가 된다. 집중을 하지 못하게 만드는 인터넷과 모바일 업무 환경이 계속해서 지속적인 자극이 되면서 우리에게는 스트레스가 된다. 자극이 많으면 긴장상태가 지속되고 자신도 모르게 예민해지게 된다. 온라인과 모바일의 발달로 자극이 많은 환경에 적응하기 위해서는 계속 긴장된 상태로 있게 된다. 이러면 앞으로 점점 예민한 사람들이 늘어나게 될 수밖에 없다.

작은 자극에도 크게 보고, 듣고, 느끼는 사람들

낮선 상황에
두려움을 느끼고 있는가

맞을 때 가장 아픈 곳이 어디일까?

1. 아픈 곳 맞기

2. 맞은 데 또 맞기

아주 건강한 사람이라도 이미 아픈 곳을 맞으면 그곳이 더 아프게 느껴진다. 그리고 맞은 곳을 또 맞으면 더 아프게 느껴진다. 예민한 사람들은 이 두 가지를 순서대로 갖고 있다.

예민한 사람들은 일반 사람에 비해서 생물학적으로 민감하다. 그래서 같은 자극이라고 해도 더 크게 보이고 크게 들리고 크게 느낀다. 남들보다 더 잘 보고, 작은 소리도 잘 들리고, 맛의 미묘한 변화를 알아채고, 냄새를 더 잘 구분하고, 작은 피부 느낌을 금방 구분해낸다. 이미 생물학적으로 작은 자극을 아주 크게 보고 듣고 느끼게 하는 능력을 타고난 것이다.

자신이 그 감각에 예민하다는 사실을 모르고 있을 때 경험한 자극에 놀라게 되면 자신도 모르는 사이에 공포감을 느끼거나 혐오감을 느끼게 된다. 공포감과 혐오감은 그 자극을 피하고자 하는 본능적인 감정이다. 하지만 스트레스 받은 사건을 통해서 과장된 공포나 혐오감을 경험하게 되면, 설명할 수 없는 모호한 신체의 감각을 위험한 것으로 해석하여 무의식적으로 회피하게 된다. 이것을 혐오학습이라고 한다.

예민한 사람들이 경험한 오감의 정보를 통해서 혐오감을 느낀 것이 학습이 되어 비슷한 자극이 오거나 공포를 경험하면 그 공포나 감각을 위험한 것으로 자동적으로 해석하게 된다. 그리고 악순환이 반복되면서 더 많은 스트레스를 받게 된다. 감각이 예민한 사람은 어릴 때부터 이런 일이 자주 있어왔기 때문에 기질이나 성향에서도 이런 회피경향성이 나타난다.

기질 성격 검사에서도 '위험회피성향'이 높은 사람이 예민하다. 위험 회피는 위험하거나 혐오스러운 자극에 강하게 반응하는 유전적 경향성을 말한다. 외부의 자극에 조심스럽고 신중하기 때문에, 불확실한 상황이나 낯선 상황에 무의식적으로 두려움을 느낀다. 조심성이 많고 잘 긴장하여 소극적으로 보이거나 경직된 태도를 보이기도 한다. 예민한 사람들은 스스로 이런 성향을 알고 있기 때문에, 자신만 민감하게 느낀 것인지 다른 사람들도 같은 생각을 하는지 확신이 서지 않을 때는 일단 참는 경우가 많다. 그래서 다른 사람들이 볼 때 예민한 사람들이 소극적이고 조용하다고 생각한다.

작은 자극일지라도
계속 반복된다면

지속적으로 떨어지는 물 한 방울이 두꺼운 바위를 뚫는다. 아주 작고 사소한 일이라고 할지라도 지속적으로 자극이 되면 뚫리게 되어 있다. 처음에는 아주 작고 사소해서 신경 쓰지 않았던 문제라도 지속적으로 자극을 받으면 좋은 것이든 싫은 것이든 나중에는 싫어지게 되는 것이다. 아무리 좋은 말이나 칭찬이라도 한두 번이면 족하다.

자극이 자주 있을수록 긴장을 하게 되고 긴장이 많을수록 스트레스가 될 가능성이 높아진다. 예민한 사람들은 아주 작고 사소한 일들을 잘 포착하는 사람들이다. 아주 작고 사소한 생활 속 사건들에서 계속 자극을 받고 자신도 모르게 계속 머릿속에서 떠오르고 생각을 되풀이하면서 스트레스가 된다.

예민한 사람들이 스트레스를 더 많이 받는 이유는 다른 사람보다 더 많은 정보를 짧은 순간에 수집하여 정보를 해석하느라 시간을 많이 쓰게 되기 때문이다. 특히 자신이 혼자서 해석할 수 없거나 해석을 하더라도 자신의 힘으로 해결을 할 수 없다고 판단하게 되면, 무력감을 느끼면서 스트레스를 받는다.

오감으로 받아들인 외부의 정보를 갖고 신체 조절을 하는 역할을 바로 신경계가 한다. 민감한 감각 덕분에 알게 된 정보를 활용하는 신경계가 계속 긴장상태로 만들어 놓는다. 감각이 민감하지 않은 일반인들조차 지속적인 자극이 교감신경계를 자극해서 스트레스가 되는데, 작은 자극에도 민감한 사람들은 그 스트레스를 더 많이 받게 되는 것이다.

나는 어느 감각(오감)을 주로 사용하는 사람일까?

당신의 오감을 체크하라

다음 질문에 제시된 물건이나 사람 또는 장소를 떠올리면서 떠오르는 감각을 체크하라. 예시에 나와 있지 않더라도 오감 중에서 먼저 느끼는 것을 체크하면 된다. 각각의 질문에 답하고 질문을 보는 순간 마음에 떠오르는 것을 인식하되, 해당되는 감각에 표시한다.

1. 친한 친구
① 친구의 목소리
② 친구가 자주 뿌린 향수냄새
③ 함께 자주 먹으러 간 음식의 맛
④ 친구의 얼굴과 함께 있었던 장소
⑤ 친구에 대한 나의 감정

2. 주유소
① 자동차나 주유소 등의 이미지
② 휘발유를 주유하는 소리나 주유원들의 소리
③ 셀프주유를 했을 때의 주유 손잡이 촉감
④ 휘발유 냄새
⑤ 주유소에서 주는 음료수나 과자

3. 취미생활
① 취미생활을 할 때 들리는 소리
② 음식 맛
③ 주변의 향기
④ 장소나 함께 있는 사람
⑤ 시간을 보낼 때의 느낌이나 감정

4. 어제 한 일
① 어제 먹은 음식
② 어제 있었던 장소
③ 어제 만난 사람들과의 대화
④ 어제를 생각하며 느끼는 감정
⑤ 주변 냄새

5. 출근하면서 경험한 일

① 항상 보던 간판과 건물

② 차에서 들은 음악

③ 출근하면서 마신 커피

④ 자동차 실내 향

⑤ 출근하면서 느꼈던 기분

6. 자주 가는 식당

① 식당에 있을 때의 기분

② 식당에서 나는 음식 냄새

③ 식당 메인 메뉴 음식 맛

④ 식당에서 자주 들리는 소리 혹은 음악

⑤ 식당 주인아주머니의 얼굴이나 식당 분위기

7. 어린 시절

① 가장 기억에 남는 장면

② 친구들의 목소리나 놀았던 장소의 소리

③ 어릴 적 먹었던 잊지 못하는 음식 맛

④ 뛰어놀던 장소의 풀냄새

⑤ 아팠던 기억

8. 직장

① 출근할 때의 기분

② 직장에서 자주 맡는 냄새

③ 직장 상사의 목소리

④ 회사 이미지

⑤ 회사 구내식당 음식 맛

9. 보람 있다고 느끼는 것
① 감사하다고 하는 말
② 결과물의 냄새
③ 만족스러운 자신의 모습
④ 만족감
⑤ 보람을 느끼고 난 후 입 속에서 느껴지는 느낌

10. 재미있는 것
① 웃음소리
② 웃는 얼굴
③ 기분 좋은 감정
④ 재미있을 때 느껴지는 맛
⑤ 재미있을 때 느껴지는 향

질문에 대해서 체크한 번호를 뒷 페이지에서 확인해보자. 예를 들어, 1번의 질문에 5를 선택했다면 표의 촉각(감정) 아래의 5번의 숫자를 체크하면 된다. 세로줄의 총 숫자를 세어서 맨 아래의 칸에 총 개수를 써보자. 시각, 청각, 촉각, 후각, 미각 중 어느 것의 체크가 많은가? 가장 많이 체크된 감각이 본인에게 가장 민감한 감각이다. 오감 중 한 가지 감각만 민감할 수도 있고 두 가지 이상의 감각이 민감할 수도 있다.

질문	시각	청각	촉각(감정)	후각	미각
1	4	1	5	2	3
2	1	2	3	4	5
3	4	1	5	3	2
4	2	3	4	5	1
5	1	2	5	4	3
6	5	4	1	2	3
7	1	2	5	4	3
8	4	3	1	2	5
9	3	1	4	2	5
10	2	1	3	5	4
총개수					

(1) 시각적 민감함

"왜 나는 쓸데없는 것까지 기억을 하는지 모르겠어."

어떤 사람이 어릴 때부터의 일을 말하기 시작했다. 친한 친구들 사이에서 다툼이 벌어지면 그 당시에 친구들이 무슨 옷을 입었는지, 어떤 표정이었는지가 기억이 난다는 것이다. 어떨 때는 무슨 말을 했는지까지 정확하게 기억이 난다고 했다. 왜 쓸데없는 것까지 기억을 하는 것일까? 이들은 그냥 사진을 찍듯이, 비디오로 촬영하듯이 그 상황이 기억난다고 설명한다.

"그런데 왜 영어 단어는 안 외워질까? 몇 페이지에 어떤 내용이 있는지, 종이를 어떻게 넘겼는지는 기억이 나는데."

영어공부를 하면 영어공부를 하던 장소도 기억나고, 자신이 책의 페이지를 넘기던 것도 기억이 나는데 단어는 도통 외워지지 않는다고 하소연했다. 시각이 민감한 사람의 이야기이다. 일반적으로 눈으로 가장 많은 정보가 들어오지만, 시각이 민감한 사람들은 일반 사람들보다 더 많은 것을 파악하고 기억한다. 시각이 민감한 사람들은 대뇌피질 중 후두엽이 발달한 사람들이다. 후두엽은 시각기능을 담당한다. 시각기능이 발달한 사람들은 시각적으로 들어온 정보들이 많다. 시각이 민감한 사람은 상대방이 말로 하는 정보와 자신이 눈으로 파악한 정보가 다르기 때문에 당황한다.

직장에서 흔히 일어나는 일이다. 말로는 직장 동료의 칭찬을 하지만 얼굴 표정이나 눈빛 같은 것들이 어딘지 모르게 거짓말을 하고 있는 듯한 느낌을 받아서 혼란스럽고, 불필요한 정보까지 알게 되어서 스트레스를 받기도 한다. 직장 상사가 집에서 부부싸움을 하고 왔는지도 금방 알아채고, 속으로 쾌재를 부르는 동료의 속마음도 금방 알아챈다. 집에 가서 이것들을 다시 곱씹어보기도 하고, 그 사람들과 대화하던 상황이 생생하게 기억이 남아서 썩 유쾌하지 않다.

시각적으로 민감한 사람은 일반 사람들보다 관찰력이 더 좋기 때문에 아주 사소한 것도 잘 포착하는 사람들이다. 상대방의 미묘한 표정 변화로 상대방의 기분을 알아내고, 고객의 사소한 손짓 하나로 고객이 원하는 것을 찾아내게 된다.

FBI 행동심리학에는 FBI 수사관이 수사를 할 때 용의자를 잡는 방법에 대해서 나온다. 수사관은 용의자가 하는 진술을 관찰하는 것이 아니라 사소한 몸짓을 관찰하고 몸짓의 신호를 파악하여 용의자의 말이 진실인지 거짓인지를 판단한다. FBI 행동심리학에 나온 사례 가운데 살인 사건을 수사하는 과정에서 '용의자가 하는 말'과 '손짓의 신호'가 달라서 용의자를 잡은 사건에 대해서 나온다.

한 살인 사건을 수사할 때다. 골목의 막다른 곳에서 오른쪽으로 가면 공터이고, 왼쪽으로 가면 주택가이다. 살인 사건은 오른쪽 공터에서 일어났다. 수사관이 용의자에게 질문을 했다. "골목 끝에서 어디로 향했습니까?" 그러자 용의자가 입으로는 왼쪽이라고 대답을 했지만 손으로는 오른쪽 방향을 가리켰다. 즉, 용의자가 말로는 왼쪽 주택가로 갔다고 말했지만 손으로는 오른쪽 공터의 살인 사건 장소로 향했다는 점이다. 이렇게 다른 사람의 몸짓을 민감하게 파악하고 사소한 변화를 알아채는 사람들이 시각적인 민감함을 갖고 있는 사람들이다. FBI 수사관들은 그런 시각적인 민감성을 높이기 위한 훈련을 지속적으로 받는다. 하지만 시각이 민감한 사람들은 특별히 훈련을 받지 않아도 금방 파악을 한다.

셜록홈즈 영화에서 셜록홈즈가 사건을 해결할 때 가장 많은 영향을 미치는 것이 바로 관찰이다. 의뢰인이 찾아오면 셜록홈즈는 의뢰인의 직업과 성격, 경제적 수준이나 사는 지역 등 거의 대부분을 첫눈에 알아본다. 소매 끝에 묻어 있는 작은 얼룩으로 왼손잡이인 것을 알아내고, 억양에서 의뢰인이 사는 지역을 알아내고, 가방의 손잡이가 닳아 있는 것에서 습관을 알아낸다. 민감하게 다른 사람들의 행동, 말투, 습관 등을 알아채는 것들은 모두 관찰이다. 예민한 사람들에게는 습관이나 다름이 없다.

시각적으로 민감한 사람들 중에 미적인 감각이 있는 사람들이 상당히 많다. 시각적으로 민감하기 때문에 봤을 때 예쁘고 균형 잡힌 것들을 좋아한다. 그래서 미적인 감각이 있는 사람들이 많다. 어울리지 않는 옷을 입는 사람을 잘 발견하고, 상대방의 메이크업에서 어울리지 않는 점을 캐치하고, 어울리지 않는 컬러를 알아채기 때문에 더 예쁘고 더 균형 있게 만들어낼 수 있다.

시각적인 민감함의 힘은 바로 관찰력이다. 시력이 좋은 것과는 관련이 없다. 시력이 좋은 사람이 민감한 것은 아니다. 관찰을 하지 못하는 사람들은 눈치가 없다는 말을 자주 듣는다. 관찰을 하지 못하면 상대방이 처해 있는 상황이나 상대방이 원하는 것을 이해하지 못하기 때문이다. 관찰을 잘하는 사람들은 아주 사소한 것까지 파악하는 능력이 있다. 사소한 것까지 파악하는 '관찰력'이 스트레스가 되는 것이 아니다. 이를 계속 부정적으로 추측하고 생각하는 것이 스트레스가 되는 것이다.

(2) 청각이 예민한 사람

"왜 사무실에서 슬리퍼를 질질 끌고 다니는지 모르겠어. 슬리퍼 소리도 소음인 것을 모르나?"

청각이 예민한 사람들의 하소연이다. 사무실에서는 아주 작은 소리들이 참 많다. 컴퓨터 키보드 소리도 있고 슬리퍼 소리, 옆 사람의 기침소리, 전화 벨소리, 동료들이 소곤소곤 작게 대화하는 소리 등등. 청각이 예민한 사람은 아주 작은 소리를 잘 듣는다.

청각이 예민한 사람늘이 스트레스를 받는 것은 이렇게 작고 사소한 소리가 한 번 들리기 시작하면 계속 들려서 신경이 쓰이기 때문이다. 신경 쓰이는 소리에 어느 순간 민감하게 반응을 하게 된다. 슬리퍼 소리로 누가 지나가는지 알게 되고, 누구의 기침소리인지, 누가 소곤소곤한 말소리로 대화하는지 정확하게 알게 된다. 듣고 싶지 않은데 계속 들리고 신경 쓰기 싫은데도 들리면 그것을 스트레스라고 생각한다. 자신이 통제하지 못하기 때문이다. 계속되는 자극은 스트레스가 된다.

1970년대에 선풍적으로 인기를 끌었던 영화 속 주인공 소머즈는 사고로 한쪽 귀와 한쪽 팔, 두 다리를 잃어서 수술을 통해서 사이보그로 태어났다. 영화에서 소머즈는 수술을 한 귀의 청력이 매우 뛰어나서 아주 작은 소리를 정확하게 들을 수 있게 되었다. 그래서 사람들은 청력이 매우 뛰어난 사람들을 소머즈라고 부른다. 청각이 예민한 사람들은 아주 작고 미세하고 사소한 소리를 잘 듣기 때문이다.

카페에 가면 원두를 가는 소리, 다른 사람들의 대화소리, 의자를 밀었다가 앉는 소리, 포크가 그릇에 닿는 소리 등 중요하지 않은 소리들이 신경에 거슬린다. 그래서 이어폰을 끼고 음악에 집중을 한다. 하지만 사무실은 이어폰을 끼고 일을 할 수도 없다. 언제 전화벨이 울릴지 모르고, 언제 직장 상사의 호출이 있을지 모르기 때문이다.

자신의 청각이 민감한지도 알지 못하는 사람이 많다. 그저 작고 사소한 소리들 때문에 스트레스를 받고 있다고만 생각하는 것이다. 다른 사람들은 작은 소리들을 잘 듣지 못한다는 것에 오히려 놀라워하곤 한다.

5살 정도의 어린아이와 기차를 기다릴 때 기차가 들어오면 부모는 어린 아이의 귀를 손으로 막아준다. 아이들은 기차가 들어올 때의 그 소리를 견디지 못하고 울거나 시끄럽다고 떼를 쓰기 때문이다. 성인이 느끼기에 기차소리는 그냥 큰 소리에 불과하다. 하지만 어린아이에게 기차소리는 아픈 느낌이 들 정도로 고통스러운 소리이다. 청각이 예민한 사람은 어린아이가 청각이 발달하기 시작할 때의 예민함과 같다고 한다.

소리가 너무 들리지 않는 것도 좋은 것은 아니다. 직장인이라면 신입 사원 시절을 기억할 것이다. 상사가 시킨 업무를 하다 보면 너무 집중을 한 나머지 다른 소리가 잘 들리지 않는다. 도서관에서 공부를 할 때, 다른 사람들의 소리나 작은 소리들이 들리지 않는 것은 집중을 잘하고 있다는 증거이다. 아무것도 들리지 않는 집중력은 공부를 할 때 매우 중요하게 필요한 능력이다. 하지만 직장에서 주변 소리가 들리지 않을 정도의 집중력은 곤란할 때가 많다. 오히려 주변에서 들리는 소리를 잘 들어야 유리하다.

청각이 민감한 사람들은 대뇌피질의 측두엽이 더 발달한 사람들이다. 측두엽은 청각을 담당한다. 청각이 예민하게 태어난 사람들이 청각을 활용한 직업을 갖게 되면 더없이 최고가 된다. SBS에서 방영하는 〈K POP STAR〉라는 프로그램이 있다. 3대 기획사의 대표인 박진영, 양현석, 유희열이 심사위원으로 나와서 우승을 노리는 참가자들을 평가한다. 일반인이 듣기에는 참가자들이 노래를 참 잘한다고 느낀다. 노래가 다 끝나고 나서 심사위원들의 평가를 듣고 있으면 내가 대체 무엇을 들었는지 의심이 들곤 한다. "참가자의 음정이 맞지 않았다", "음 이탈이 있었다" 등의 피드백을 할 때도 있지만 칭찬을 할 때도 독특하게 한다.

"#-2도로 부른 거 맞지요?", "어떻게 그 부분에서 그렇게 편곡할 수 있는지 궁금하네요"라고 말한다. 일반인들은 그저 감동이 있는 음악으로 들릴 뿐이지만 심사위원에게는 일반인이 듣지 못하는 것을 들을 수 있는 능력을 갖고 있다. 자주 사용하면 능력이 높아지는 것은 당연한 일이다. 하지만 이미 타고난 것들이 있다. 그것을 우리는 재능이라고 부른다. 청각적으로 예민하고 민감하게 태어난 사람들은 절대음정을 갖고 있기도 하고, 자신이 들은 것을 정확하게 기억하는 능력도 타고났다.

청각이 민감한 사람들은 직장에서의 아주 작은 소리들을 잘 듣는다. 그리고 대화를 더 잘 기억한다. 사소한 소리들도 있지만 다른 사람들의 말소리도 정확하고 또렷하게 듣는다. 휴게실에서 작게 말하는 소리들이 들리고, 건너편에 있는 팀이 고객사와의 계약을 어떻게 할 것인지 상의하는 소리도 들린다. 직장에서 다른 팀의 소식을 알고 있는 것은 이득일 때가 많다. 유태인의 교육법 중에 청각을 자극하는 교육법이 많다. 유태인 부모들은 아이가 잠들기 전에 항상 책을 읽어준다고 한다. 청각을 자극하는 교육법이다. 책을 읽어주면 상상을 통해서 아이들의 두뇌가 자극이 된다. 듣기만 한다고 모두 기억할 수 있는 것이 아니라 들은 것을 상상하여 기억하기 때문에 기억을 더 쉽게 한다. 청각을 자극하는 교육법을 많이 받는 유태인들은 들은 내용을 바로 기억하는 훈련을 한다. 한 번들은 것들은 잊어버리지 않는 것이다.

청각이 예민하다는 것은 매우 유리한 점이 많다. 직장에서 듣기 싫은 사소한 소리에 에너지를 집중할 것이 아니라, 어차피 들리는 것이라면 어떤 소리에 집중을 해서 들을 것인가를 선택하는 것이 중요하다. 직장 상사가 지시하는 소리에 집중을 한다고 생각을 하면, 자신에게 지시하는 소리뿐만 아니라 다른 직원들에게 어떤 지시를 하는지를 듣겠다고 생각 받는 것이다. 그러면 적어도 직장 상사가 지시하는 스타일이나 직장 상사가 중요하게 생각하는 것이 무엇인지를 알 수 있게 된다. 이렇게 팀을 이끌어가는 리더의 사고방식과 의사소통 방식을 이해하게 되면 직장 생활이 유리해질 수밖에 없다.

(3) 후각이 예민한 사람

"무슨 냄새 안 나? 저기 쓰레기통에서 이상한 냄새가 나는데."

집에 와서 쓰레기통을 자꾸 지적한다. 아무리 쓰레기통이라고 하지만 가정 집 쓰레기통은 그렇게 냄새가 날 것이 없는데도 치워달라고 성화다. 알고 보니 며칠 전에 집으로 놀러온 지인과 지인의 강아지 때문에 강아지의 흔적들을 정리하고 버렸는데, 강아지 똥냄새가 남아 있던 것이다. 식당에 가도 음식의 냄새가 조금만 이상하거나 자신이 좋아하지 않는 냄새가 나면 입에 대지 못하는 경우가 많다. 함께 식당을 찾으러 골목을 걸어가다 보면 그 골목 안에 김치찌개 음식점이 있는지, 삼겹살집이 있는지 냄새로 알아챈다.

한 TV 프로그램에 최현석 셰프가 심사위원으로 출연했다. 경연에 참여한 팀이 요리를 하던 중 최현석 셰프가 불판의 미세하고 시큼한 냄새를 지적했다. 그러자 강연에 참여한 팀은 불판에 향어가 들러붙지 않게 하려고 불판에 식초를 발랐다고 했다. 경연에 참가한 다른 팀이 말고기를 가져오자 최현석 셰프는 고기에서 누린내가 나는 것 같다고 뒷걸음질을 치기도 했다.

후각이 예민한 사람을 우리는 일명 '개코'라고 부른다. 다른 사람들보다 냄새를 더 잘 맡고 이를 더 잘 구분한다. 그래서 사람을 구분하거나 알아챌 때 냄새로 알아채기도 하고, 장소에 대한 기억을 냄새로 기억한다. 처음 만난 사람도 향수냄새로 기억하기 때문에 상대방의 취향을 향으로 기억하기도 한다.

후각은 주위에 위험한 물질이 있는가를 알게 해주는 감각기관이다. 보통, 냄새를 맡을 수 있는 수용체 세포의 수에 따라서 냄새를 구별할 수 있는 냄새의 종류와 수가 달라진다. 후각이 민감한 사람들은 비강에 있는 수용체의 수가 많다. 문제는 후각이 예민하기 때문에 감정적인 변화를 많이 겪는다는 것이다. 후각을 통해서 뇌에 전달되는 기관이 인간의 감정과 욕구, 본능을 조절하는 뇌의 변연계의 일부이기 때문에 냄새로 강한 혐오감을 느끼거나 즐거움을 느낄 수도 있게 된다.

후각이 예민한 사람은 후각으로 기억한 경험은 잊어버리지 않고 계속 떠올릴 수 있다. 다른 감각으로 기억한 경험은 며칠 이내로 사라지지만 후각으로 기억한 경험의 경우 같은 냄새를 맡으면 정확하게 기억을 한다. 후각이 변연계에서 감정을 조절하는 부위와 밀접하게 연관이 되어 있기 때문이다.

마르셀 프루스트의 장편소설 〈잃어버린 시간을 찾아서〉에서 주인공

이 마들렌을 먹으면서 유년시절을 떠올리는 장면이 나온다. 이 소설에서 주인공은 라임 꽃잎차에 카스테라 빵의 일종인 마들렌을 찍어먹으면서 유년시절로 돌아가고, 유년시절에 지냈던 아주머니댁으로 이동한다. 이것을 '마들렌 효과'라고 한다. 프랑스의 소설가 마르셀 프루스트(1871~1922)는 사물에 대한 냄새와 맛은 오랫동안 여운을 남기고, 두고두고 회상하게 한다고 기술했다. 냄새와 기억에 관한 연구가 진행되기 전부터 냄새와 맛으로 과거를 회상한다는 사실을 알고 있었던 것이다.

후각이 예민한 사람들은 일반 사람들이 맡지 못하는 냄새를 맡고 의식적으로 구분해내는 능력이 있다. 후각이 예민하지 않은 사람들은 냄새를 맡지 못하는 것이 아니라, 그 냄새를 구분해내거나 자각하지 못하는 것뿐이다. 한 연구에서 '냄새를 구분할 수 있는가'에 대한 실험이 진행됐다. 대기실의 의자에 남성의 땀을 뿌려놓았을 때 여성들은 이 의자를 선택하는 경우가 많았다. 의식적으로 냄새를 구분하거나 알지는 못하지만 행동에 영향을 미친다는 의미이다. 후각이 예민하기 때문에 냄새를 빠르게 구분하고 의식적으로 알아챌 수 있기 때문에 고객을 만나야 하는 장소를 유리하게 선택할 수도 있고, 기분 좋은 향이 나는 공간을 선택할 수도 있다. 본인이 있을 때 좋은 공간은 상대방도 좋아하는 공간이 될 확률이 높은 것이다.

후각과 미각은 서로 밀접한 관련이 있다. 와인을 감별할 때에도 코르크를 따서 코르크의 향을 먼저 맡게 한다. 그리고 와인잔을 한 번 흔들어서 와인이 떨어지는 속도를 보고 난 후에, 와인잔에 코를 대고 와인의 향을 느끼고선 와인을 맛보게 한다. 미각과 후각이 밀접하게 관련이 있기 때문에 와인을 마셔도 이런 과정을 거치는 것이다.

(4) 미각이 예민한 사람

"물에서 이상한 맛이 나. 나가자. 물맛이 이상하면 위생이 좋지 않더라고."

본인은 아무리 물을 마셔도 아무렇지 않은데, 상대방은 물맛이 이상하다고 말한다. 그래서 결국 다른 식당으로 자리를 옮겼다. 자주 가는 단골식당이라고 갔는데 음식을 먹어보더니 음식 맛이 바뀌었다고 하여 식당 사장님에게 물었다.

"혹시 주방장 바뀌었어요?"

그러자 식당 사장님은 주방장이 바뀌지 않았다고 대답했다. 맛이 바뀌었다고 말하자 그제야 생각난 듯이 사장님이 대답했다.

"아! 물엿을 바꿨어요."

미각이 예민한 사람이 미식가인 경우가 많을 수밖에 없다. 미각이 예민하지 않은 사람은 맛있는 것과 맛이 없는 것을 구분하는 정도밖에 못하지만, 미식가는 아주 작은 미세한 맛의 차이를 구분하기 때문에 음식을 먹으면서도 짠맛이 덜하면 더 맛있을 것이라는 등의 피드백을 할 수 있다.

감각기관은 기억과 밀접한 관련이 있다. 과거에 생선을 먹고 체한 적이 있으면 생선 냄새만 맡아도 견디지 못한다. 미국 서부 농가에서 코요테로 인한 양의 피해가 심각했었다. 그래서 농부들은 코요테가 좋아하는 양고기 미끼에 쓴맛의 물질을 발라 놓았다. 이 양고기를 맛본 코요테는 먹을 음식이 없어도 양고기를 다시는 먹지 않았다. 이렇게 과거에 경험한 사건으로 인하여 미각이 좌우되는 경우가 매우 많다. 어릴 때부터 미식가인 부모로 인하여 맛있는 음식을 많이 접할수록 미식가가 될 확률이 높아진다.

미각이 예민한 사람은 타고난 혀의 기능에 차이가 있는 경우가 많다. 뇌과학 연구에서 미각에 대한 연구가 이루어졌는데, 전체 인구의 약 4분의 1은 맛을 느끼는 능력이 특별한 초미각자로 분류된다는 사실을 발견했다. 초미각자는 쓴맛에 민감하다. 아주 극소량의 쓴맛을 찾아내는데, 전체 인구의 절반 정도는 쓴맛을 중간정도로 느끼고, 나머지 4분의 1은 쓴맛을 전혀 느끼지 못했다고 한다. 쓴맛에 민감한 사람들은 커피 같은 쓴맛에 강하게 반응하는데, 혀의 맛을 느끼는 부위가 버섯형태를 보이기 때문에 맛에 대한 민감도가 높을 것이라고 추정한다.

(5) 촉각이 예민한 사람

여름에 지하철을 타거나 고속버스를 타면 누구나 경험하는 것이 있다. 누군가 추워서 온도를 낮춰달라고 하면 다른 어떤 사람은 덥다고 온도를 높여달라는 것이다. 지하철을 타면 너무 추운데, 어떤 사람들은 덥다고 계속해서 클레임을 건다. 그래서 추위를 많이 타는 사람은 여름에도 겉옷 하나는 들고 다니는 것이 편하다고 한다.

촉각 안에서도 참 많은 종류의 예민함이 있다. 온도, 통증, 진동, 압박, 가벼운 접촉 등 피부와 관련이 있는 것들이다. 주사를 맞을 때 유독 아프다고 소리를 지를 정도로 주사 맞는 것을 싫어하는 사람들이 있다. 장난을 치면서 가볍게 어깨를 쳤는데 너무 아프게 때렸다고 정색하는 사람도 있다. 일반 사람들에 비해서 더 많은 통증을 느끼는 것이다. 몸살이 나면 가볍게 손으로 피부를 쓸어내리기만 해도 너무 아프다고 한다. 촉각이 민감한 사람들 중에서 피부가 예민한 사람들은 가벼운 접촉이나 가벼운 압박에도 아픔을 느낀다.

자신이 일반인에 비해서 얼마나 예민한지 잘 알지 못하는 경우도 종종 있다. 처음부터 감각의 느낌 수준이 다르기 때문에, 다른 사람들이 어떤 경험을 하는지 모른다. 그래서 꾀병이라는 오해를 많이 받는다. 조루를 겪고 있는 남성들의 경우 촉각이 너무 민감하기 때문이라는 의학적 소견이 있다.

촉각이 예민하다는 것은 그저 온도, 압박, 진동과 같은 것만을 의미하는 것이 아니다. 모든 종류의 감각에서 시작하지만 그것이 고통이 되어 통증회로와 결합되면 아픔을 느끼게 된다. 아픔을 느끼는 통점 세포를 통해서 느끼는 고통은 대뇌피질까지 느리게 전달되지만, 촉각을 통한 고통은 매우 빠르게 전달된다. 촉각에서 통증을 인식해야 빠르게 위험을 피할 수 있다. 예를 들어 손에 뾰족한 것이 닿았을 때 빨리 피하거나, 등 뒤에서 누군가가 건드리면 휙 돌아보거나 하는 행동은 위험에서 벗어나기 위해서 매우 중요하다.

예민함에 대한
다양한 관념

예민한 감각,
남녀의 차이

EBS 다큐프라임 〈아이의 사생활〉 가운데 '남과 여' 편에서는 남성과 여성의 차이에 대한 실험을 했다. 초등학생들이 승용차를 타고가면서 실험이 시작되는데, 목적지에 도착하고 나서 기억나는 것을 말해보라고 했다.

여자아이는 승용차 안에서 들었던 음악을 기억하고 남자아이는 만난 장소와 차종을 기억했다. 얼굴기억 실험에서는 여자아이가 더 잘 기억했고, 문장 읽기에서도 여성이 더 잘 읽어냈다. 반대로 자전거를 상상해서 그리라고 하는 실험에서는 남자아이가 더 잘 그렸고, 모양이 다른 도형의 위치가 바뀌었을 때 위치를 추측하는 실험에서도 남자아이가 더 잘했다. 이렇게 남성과 여성은 태어나면서부터 서로 다른 성향을 갖는다는 것을 실험에서 보여주었다.

남성과 여성이 서로 다른 성향만을 나타내는 것이 아니라 손가락 길이로도 남성 성향과 여성 성향을 구분할 수 있다고 한다. 영국 센트럴 랭커셔 대학의 심리학과 존매닝 교수는 '검지길이÷약지길이'로 손가락 길이비율(Digit Ratio)을 계산했다. 검지보다 약지의 비율이 더 긴 사람이 남성 성향이 높다는 것이다. 둘째 손가락은 아이가 태어나기 전 임신기에 여성호르몬인 에스트로겐에 민감하고, 넷째 손가락은 임신기에 남성호르몬인 테스토르테론에 민감하다는 것이다. 그래서 남성호르몬에 많이 노출이 된 경우에 네 번째 손가락이 길다는 것이다. 임신을 했을 초기의 아이는 모두 여아이지만 8~14주가 되었을 때 테스토르테론의 영향으로 생식기가 만들어지면서 성별이 정해진다고 한다. 뇌에 영향을 미치게 되어 성별과 골격에 영향을 주고, 손가락의 길이에까지 반영된다는 것이다.

중요한 것은 성별이 남성이라고 모두 남성적 성향을 갖고 있는 것은 아니고, 성별이 여성이라고 반드시 여성적인 성향을 가진 것은 아니라는 점이다. 극소수의 사람들은 좌뇌와 우뇌를 모두 사용하는 특징을 보였고, 전체 인구의 17퍼센트는 결과의 반대 성향을 갖고 있다고 한다. 성별은 여성이지만 승부욕이 강하고 머리회전 능력이 높은 남성적인 성향이 강한 아이가 있었고, 성별은 남성이지만 평소 여성스럽게 행동하는 남자아이는 언어능력이 탁월했다. 즉, 반드시 예외인 사람은 존재한다.

왜 이런 예외가 있는 것일까. 〈이기적 유전자〉라는 책에 따르면 인간이 미래에서 생존할 수 있도록 이런 예외를 남겨두는 경향이 있다고 한다. 이렇게 예외적인 소수의 유전자를 가진 사람들이 혹시 모를 미래의 환경 변화에서 생존할 수 있는 유일한 유전자일 수 있다는 것이다. 그래서 선천적인 남성과 여성의 차이가 있지만 100퍼센트 일치하지는 않는다고 한다.

예민한 사람과
둔감한 사람

남녀의 성별에서만 이런 차이를 보이는 것은 아니다. 진화론의 관점에서 예외의 특성을 갖고 있는 것들이 있다. 더 정확하게 표현을 하자면 딱 17퍼센트의 사람들이 특이하게 반대의 성향을 보이거나 예민함을 보이는 것이 아니다. 100명의 사람을 민감함으로 구분해서 순서를 정하다 보면, 15퍼센트에서 20퍼센트를 기점으로 그 민감함을 더 예민하게 자각하고 있다는 것이 정확한 표현일 것이다.

지금은 학교에서 이름순으로 학생 번호를 매기지만 과거에는 키순서대로 번호를 매기던 시기가 있었다. 이렇게 키순서대로 서다 보면 키가 작은 사람에서부터 키가 큰 사람까지 설 수 있게 된다. 사람들 가운데 작은 키부터 큰 키까지 점차적으로 차이가 있는 것처럼, 신경계의 민감함도 이런 식으로 사람에 따라서 조금씩 차이가 나게 되어 있다. 신경계의 둔감함에서부터 민감함으로 구분을 해보면 분명히 다른 사람들보다 상대적으로 둔감한 사람들도 있다.

사회생활을 잘한다는 말을 듣는 것은 눈치가 빠른 사람이다. 인간이 살아가면서 외부의 자극을 받을 수밖에 없는데 이런 자극을 받아들여서 빠르게 다른 부위로 전달해서 반응하는 기관이 신경계이다. 그리고 신경계가 민감한 사람이 눈치가 빠를 수밖에 없다. 그러다 보니 직장에서 둔감한 사람들보다 사회생활을 잘한다는 말을 듣게 되는 것이다.

3

생각이
너무
많은
사람들

당신의 행동을 가로막는 수많은 생각들

행동을 할 것인가?
행동을 멈출 것인가?

상황1 과장이 신입사원에게 일을 시키고 다른 사원을 데리고 커피를 마시러 나간다. 이때 신입사원의 행동은?

1. 저도 커피 마시고 싶습니다.

2. 일단 상황을 지켜본다.

상황 2 외근을 하고 사무실에 문을 열고 들어오자, 직장 동료들이 대화를 멈추고 일에 집중하기 시작했다. 이때 당신의 행동은?

1. "오늘 무슨 일 있었어요?" 하고 동료들에게 물어본다.

2. 혹시 자신의 이야기를 했을 수 있으니 자리에 가서 상황을 지켜본다.

상황 1과 상황 2에서 어떤 반응을 할 것인가?

1번을 선택한 당신! 어떤 상황인지 궁금해서 먼저 물어보는 것을 선택했다. 생각하지 못했던 상황에 처했을 때 그 상황을 적극적으로 해결하기 위해서 먼저 행동을 하는 사람이다.

2번을 대답한 당신! 어떤 상황인지 궁금하기 때문에 기다리고 지켜볼 것을 선택했다. 새로운 환경에서 상황을 파악하고 행동하기 위해서 우선 멈춘 후에 행동하는 것을 선택하는 사람이다.

어릴 때 처음으로 유치원에 갔을 때를 떠올려보라. 처음으로 초등학교에 입학했을 때, 중학교에 입학했을 때, 누가 가르쳐준 것도 아닌데 그 상황마다 자신이 어떤 행동을 했었는지 떠올려보라. 아마 항상 비슷한 행동을 했을 것이다.

사람은 새로운 공간에 가게 되고, 새로운 사람을 만나게 된다. 우리는 지금까지 살아오면서 언제나 그랬다. 처음으로 외출을 한 날, 처음으로 놀이터에 간 날, 처음으로 동네 꼬마 아이를 만난 날, 처음으로 유치원에 간 날, 처음으로 학교에 입학한 날 등 우리는 언제나 새로운 공간에 가서 적응을 해야만 했다.

새로운 환경에서 인간은 행동을 먼저 할 것인가, 행동을 하기 전에 우선 멈추고 상황을 파악할 것인가를 고민한다. 인간이 갖고 있는 가장 기본적인 행동 시스템이다. 인간은 위험을 감지하면 주의를 기울이고 뇌의 편도체가 과거의 경험을 빠르게 검토한다. 검토한 후, 행동반응을 자동적으로 선택하게 되는데, 행동으로 연결시키는 것이 바로 신경계이다. 본능적으로 생존을 위해서 신경계가 '싸움 – 도주 반응 시스템'을 발동한다. '싸울 것인가, 도망갈 것인가'를 선택해서 자신이 생존할 수 있게 만드는 것이다.

신경계가 '싸움 시스템'을 발동하면 먼저 적극적으로 행동하는 것으로 새로운 환경에서 문제를 해결한다. 반대로 '도주 시스템'을 발동하면 우선 멈춘 후에 어떤 행동을 해야 할지 살피는 것으로 문제를 해결한다. 무엇이 옳은지 그른지는 중요하지 않다. 본능적으로 자신의 반응을 선택하는 전략일 뿐이다. 행동을 먼저 하는 '행동 활성화 시스템(싸움 시스템)'과 일단 행동을 멈추는 '행동 억제 시스템(도주 시스템)'은 완벽하게 반대의 목적을 갖고 있다.

행동을 먼저 하는 '행동 활성화 시스템'은 새로운 환경에서 행동을 먼저 하는 신경계의 '싸움 시스템'이 발동된 것이다. 싸움 시스템은 싸우려는 시스템이 아니라 먼저 상대방에게 적극적으로 다가가서 궁금한 것을 물어보는 방식으로 행동을 통해 자신의 궁금증을 해결한다. 처음 간 모임에서 사람들에게 먼저 인사하고 자신을 소개하고 모르는 것은 물어보는 방식으로 행동한다. 외향적인 사람들은 보통 이렇게 새로운 장소에서도 적극적으로 행동한다. 직장에서도 활성화 시스템을 갖고 있는 사람은 호기심이 많고, 먼저 질문을 하곤 한다.

일단 행동을 멈추는 '행동 억제 시스템(도주 시스템)'은 새로운 상황이 생기거나 새로운 장소에 있을 때 일단 상황파악을 먼저 하기 위해서 멈추는 전략을 사용한다. 학년이 바뀌어 새로운 반에 배정이 되면 친구들을 사귀기 위해서 적극적으로 움직이기보다는 조용히 상황을 파악하기 시작한다. 먼저 말을 걸기보다 다른 사람들이 말을 걸면 대답을 해주는 정도에서 행동을 최소화시킨다. 처음 경험하는 상황이 위험하다고 인지하고, 위험한 세상에서 일단 후퇴하는 전략을 선택한다. 또한, 새로운 위험상황이나 위험한 사람을 경계하기 때문에 매우 조심스럽게 행동하고 신중해진다. 무엇을 더 조심해야 하는지 판단하기 위해서 머뭇거리고 주변 상황을 살피기 시작한다.

헬스장에 운동을 처음 하러 가서 가장 먼저 파악하는 것은 어떤 사람이 위험한지, 어느 장소가 위험한지 일단 행동을 멈추고 주변을 둘러보는 일이다. 행동을 작게 하기 때문에 소극적으로 보이게 된다. 일단 멈추고 새로운 환경을 이해할 때까지 관찰하면서 기다린다. 그리고 자동적으로 지금 경험하고 있는 새로운 상황과 비슷한 과거의 경험을 검토한다.

예민한 사람들의 행동전략, '일단 멈춤'

우리는 지금까지 그저 자신의 성격이 내성적이라고 생각했을 것이다. 남들보다 더 예민하기 때문에 상처를 많이 받아서 되도록 조용히 있었다고 생각했을 것이다. 우리가 이렇게 조용하고 소극적으로 행동하는 이유는 생존 전략 시스템 때문이다. 그리고 예민한 사람들이 선택하는 행동 전략이 바로 '행동 억제 시스템'이다. 일단 행동을 멈추고 상황을 파악하기 위해서 노력한다. 문제는 그때 그 상황을 반복적으로 생각하고, 생각하고, 또 생각하고 있는 자신을 발견한다는 것이다. 대체 왜 그러는 것일까?

입사한 지 1년이 아직 되지 않은 신입사원 직장인이 고민을 털어놓았다. 아침에 출근을 하자마자 팀장이 다른 팀원을 데리고 커피를 마시러 가면서 자신에게는 업무를 지시했다고 한다. 그리고 일을 할 때 다른 팀원들은 함께 프로젝트를 진행하면서 친하게 지내는 것 같은데, 자신만 그 팀에 끼지 못하는 것 같다고 한다. 하루 종일 회사에 있어도 자신과 다른 팀원과는 하루에 세 마디 이상 하지 않는데, 다른 팀원들끼리는 친해 보인다고 하소연을 하는 것이다. 신입이라서 일도 아직 다 익히지 못해서인지, 일을 달라고 해도 일을 잘 시키지도 않고, 식사를 하는 동료들이 있어도 불편하다고 말한다.

붙임성이 있는 성격도 아니라 다가서지를 못하고 있는데, 오늘 팀장이 다른 팀원과 커피를 마시러 가는 모습을 보면서 별 생각이 다 들었다는 것이다. 자신만 따돌림을 당하는 것은 아닐까, 다른 팀원들끼리는 친한데 커피를 마시러 가서 자신에 대한 이야기를 하는 것은 아닐까 하는 생각도 들고, 사내 메신저를 사용하면서 서로 대화를 하는 듯한 모습이 포착되면 무슨 대화를 하는지도 궁금하고 소외감이 든다고 했다.

스스로 예민하다고 느끼는 사람들은 아무것도 아닌 일들을 예민하게 받아들이는 것인지, 아니면 진짜로 따돌림을 당하고 있는 것인지 판단하기 어렵다고 느낀다. 그래서 다른 사람들의 행동을 더 관찰하고, 상황파악을 하려고 노력한다.

어떤 사람은 그렇게 느낄 때마다 직접 표현을 하라고 하지만 매번 말로 표현할 만큼 큰 사건도 아니고, 자꾸 말하면 까칠하다는 말을 듣거나 적응하지 못하는 사람으로 비춰질까 봐 걱정되기도 한단다. 우리는 스스로 남들보다 예민하다는 사실을 이미 알고 있다. 그래서 다른 사람들이 우리가 예민하다는 사실을 알게 하고 싶지 않기 때문에, 더 조용히 있으려 하는 것이다.

예민한 사람들의 행동은 외향적이라기보다 내향적이고 소극적으로 보이지만, 그 내면은 매우 섬세하고 스스로가 느끼는 감정은 강렬하다. 상대방이 보고 듣고 느끼는 것의 아주 작고 미묘한 변화를 알아챈다. 상대방이 어떤 감정을 느끼는지 어떤 생각을 하는지 관찰하지 않았어도 알게 되는 것이다. 그리고 상대방이 어떤 감정을 느끼는지 어떤 생각을 하는지에 영향을 많이 받는다. 상대방에게 이를 들키고 싶지 않아 더욱 조심히 행동한다.

상대방의 말과 행동에 자신이 크게 영향받는 것을 상대방이 알게 되면 속마음을 들킨 것 같아서 부끄러워진다. 그래서 일단 멈추고 상황을 파악한 후에 행동을 하려 한다. 그런데 상황을 파악하고 나면 좀 편안해져야 하는데, 오히려 생각이 복잡해지기 시작한다. 행동을 멈추고 상황을 관찰하기 시작하면서 눈에 보이는 것들에 대한 많은 의문이 들기 때문이다.

'저 사람은 대체 저런 행동은 왜 하는 것이지?'

'지금 저 말을 왜 하는 것일까?'

'나한테 이런 말을 하는 이유가 뭐지?'

'지금 내 말을 듣고 싶지 않구나.'

수없이 머릿속에 떠오르는 의문들은 그 당시에만 자신을 괴롭히는 것이 아니라 침대에 누워서 잠에 들기 전까지 계속해서 떠오른다. 너무나 신경이 쓰이는 어떤 날은 잠을 자면서 꿈에서도 그 생각을 하기도 하고, 잠을 자다가 깨서 그 생각을 하느라 잠을 못 이루기도 한다. 결국 '우선 멈춤 시스템' 생존 전략 때문에 더 많은 생각을 만들어내고 그 생각에 시달리게 되는 것이다.

같은 상황이어도
서로 다른 생각을 하는 이유

: 당신은 지금
: 무엇을 보고 있는가

　어떠한 상황이나 그림을 볼 때, 사람마다 기억하는 것과 관심을 두는 것은 각기 다른 경우를 많이 발견할 수 있다. 다음 장의 그림은 조르주 피에르 쇠라(Georges Pierre Seurat)의 〈그랑드 자트 섬의 일요일 오후〉 이다. 그림을 잠시 살펴보자.

그림을 보고 난 이후에 무엇이 기억에 남는가를 떠올려보면 우리가 기억하는 건 많지 않다는 사실을 깨닫게 될 것이다. 그림을 보고 모두 기억하지 못한다고 해서 '머리가 나쁘다고' 생각할 필요는 없다. 리타 카터의 뇌(The Brain Book)에는 인간의 뇌에 대한 해부학적인 것뿐만 아니라 의식과 기억, 감정에 대해서 언급이 되어 있는데, 기억 중에도 선명하게 기억하지만 틀린 기억, 흐릿한 기억, 충격적인 기억, 너무나 선명하고 세세한 기억 등 여러 가지 유형이 있다고 말한다.

인간에게 기억은 과거의 경험을 통해서 현재의 행동을 선택할 수 있게 하기 위한 것이다. 과거에 어떤 일에서 실패를 했다면 실패하지 않게 만드는 역할을 하고, 위험한 상황에서 벗어난 경험을 했다면 다시 그 경험을 활용할 수 있게 만든다. 하지만 그 경험의 전반적인 것을 기억하는 것과 아주 작은 부분까지 세세하게 기억하는 것 중에서 무엇이 인간에게 도움이 될까. 과거의 일들을 완벽하고 세세하게 기억하는 것은 인간에게 도움이 되지 않는다. 오히려 경험에서 얻어낸 전반적인 정보가 삶에서 더 중요한 경우가 많다. 그래서 망각을 할 수 있는 것은 재앙이 아니라 축복이다.

그렇다면 이 그림을 보고 기억에 남는 것이 무엇인지 다시 한 번 떠올려보고 아래의 질문에 답해보라. 다시 그림을 보지 않고 기억에 의존하여 적어보길 바란다.

- 강아지가 몇 마리 있나?
- 강아지를 제외한 다른 동물은 몇 마리 있나?
- 양산을 쓰고 있는 여성은 총 몇 명인가?
- 배가 몇 척 있나?
- 그림에서 원숭이가 있나?
- 기타(그 외에 본 것들)

무엇을 잘 기억하고 있는지 확인해보라. 잠깐 본 그림을 사진 찍듯이 기억을 한다면 그것을 서번트 신드롬(Savant Syndrome)이라고 부른다. 서번트 신드롬이 아닌 이상 사람은 자신이 보고 듣고 경험한 것을 정확하게 기억하지는 못한다. 같은 사물을 보고 있어도 보는 사람에 따라서 다른 방식으로 사물의 이미지를 저장하고 기억해낸다. 같은 장소에 있어도 그 장소를 모두 정확하고 세세하게 기억하지 못하고 같은 사람을 만나도 각기 다르게 기억한다. 사람이 보고 들은 것을 모두 기억할 수 없기 때문에, 같은 상황에서도 서로 다른 생각을 하고 다른 것을 보고 듣고 느낀다. 이것을 '선택적 주의력'이라고 부른다.

보고 싶은 것만 보는 사람들

애드거 앨런 포의 〈도둑맞은 편지〉에서는 D장관이 왕비의 비밀 편지를 잃어버려서 왕비가 곤란해지는 일이 발생한다. 이 편지를 찾기 위해서 사설탐정인 뒤팽에게 편지를 찾아달라는 의뢰를 하는데, 경시청장과 경찰은 장관의 집에서 아무리 뒤져도 왕비의 비밀 편지를 찾지 못했다. 그러나 그런 편지를 뒤팽이 너무나 쉽게 찾아냈다. 뒤팽은 그 편지를 아무나 볼 수 있는 편지꽂이에서 찾아냈다. 경시청장과 경찰은 편지가 침대 밑이나 서재의 책 사이에 있을 것이라 생각했지만, 비밀 편지는 누구나 볼 수 있는 곳에 있었던 것이다. 이처럼 인간은 누구나 '선택적 주의'를 한다. 자신이 주의를 기울이는 곳만을 보는 것이다.

심리학자인 차브리스(Christopher Chabris)와 사이먼스(Daniel Simons)는 재미있는 실험을 했다. 총 6명의 학생이 농구공을 주고받는데 흰 티셔츠를 입은 학생 3명, 검은 티셔츠를 입은 학생 3명이 서로 팀을 이뤄서 공을 던지기도 하고 패스하기도 했다. 이 장면을 관람하는 실험 참가자들에게 과제를 부여했는데, 흰 셔츠를 입은 팀의 패스 횟수를 세도록 했다. 게임이 끝난 후 학생들은 답을 제출했다. 심리학자들은 답을 제출하는 학생들에게 질문을 했다.

"혹시 선수들 말고 본 것이 있나요?"

실험에 참가한 학생들의 절반은 다른 것을 본 적이 없다고 대답했다. 심리학자들은 학생들에게 공을 주고받는 선수들의 동영상을 보여주었다. 고릴라의 탈을 쓴 학생이 천천히 등장해서 카메라를 보고 가슴을 두드리고 퇴장하는 모습이 있었다. 실험 참가자의 절반은 고릴라의 등장을 알아차리지 못했다.

선택적 집중을 하면 자신이 보지 못하는 맹점이 생긴다는 사실을 실험으로 입증한 것이다. 이것을 '주의력 착각'이라고 한다. 한 가지에 집중을 하면 다른 것에는 주의를 기울이지 못하는 것이다. 인간이 갖고 있는 주의력에는 한계가 있다. 한 가지에 집중하면 다른 것에는 집중하지 못하고, 한 가지가 신경 쓰이기 시작하면 계속 그것이 더 눈에 보이는 법이다. 그래서 자신이 신경 쓰는 것들은 아주 중요하게 느껴지고, 그 외의 것들은 중요하지 않게 느껴진다. 자신이 중요하게 생각하는 것을 중심으로 관찰하고, 관찰한 후에 궁금한 것을 계속 생각한다. 예민한 사람들이 반복적으로 생각하는 것들은 결국 자신이 중요하게 여기는 것을 찾을 수 있게 하는 단서가 된다. 그 생각의 습관을 발견해야 그 생각을 관리할 수 있게 된다.

"또 이렇게 생각하고 있었네!" 하고 자신의 생각 습관을 알아차리는 것이 바로 자신의 생각을 관리할 수 있는 첫 번째 단서가 된다.

당신은 어떤 생각의 습관을 갖고 있는가?

생각의 습관을
발견하라!

아이를 키우는 것은 누구에게라도 힘들지만 그 중에서도 까다롭고 예민한 아이를 키우는 부모는 유난히 고충이 더 심하다. 예민한 아이를 키우는 엄마는 식사도 제대로 못하고 잠도 제대로 못자는 경우가 많다.

윤희 씨는 첫째가 갓난아기일 때부터 아이의 예민함 때문에 식사도 제대로 한 적이 없었다고 한다. 아이가 잠이 들어야 겨우 식사를 할 수 있게 되는데, 음식을 떠먹을 때 나는 딸그락 소리를 듣고 아이가 잠에서 깨서 울기 시작한다는 것이다. 결국 한 숟가락도 제대로 먹지 못하고 아이를 안아주기 위해서 달려간다고 한다. 안아줘도 계속 칭얼거려서 다시 아이가 잠들 때까지는 아무것도 못한다. 아이가 아토피가 있어서 잠을 못 자는데다 분유 알레르기까지 있어서 계속 모유만 먹여야 했다. 다른 엄마들은 아이를 낳아도 살이 빠지지 않아서 고생한다고 하던데, 윤희 씨는 살이 계속 빠져서 모유수유를 하지 못할까 봐 걱정이었다. 시도 때도 없이 우는 아이를 달래느라 잠도 못자고 밥도 못 먹어서 힘들다고 하소연을 한다.

엄마가 신경 써서 키워야 한다는 육아서 지침에 따라서 아이가 울고 보채면 안아주고, 짜증을 내거나 칭얼거리면 기다려주고 마음을 알아주려고 노력했다. 시간이 흘러 갓난아기 때 아주 작은 소리에도 잠에서 깨고 울고 보채는 것은 약해졌지만, 아이는 자라면서 예민한 부분이 계속 바뀌었다. 어떤 시기에는 입맛이 까다로워졌다가 어떤 때는 음식의 그릇이 예쁜지가 중요했고, 어떤 때는 그릇과 수저가 깨끗한지가 중요했다. 그래도 갓난아기 때처럼 소리에 예민해서 칭얼거리거나 잠에서 깨지는 않는다고 한다.

예민한 아이들의
불안감

아이들이 세상에 태어나서 겪는 일들은 처음 경험하는 것들이고 모든 것이 두려운 것투성이다. 프로이트는 인간의 가장 기본적인 감정을 '불안'이라고 했다. 불안감은 인간을 생존할 수 있게 만드는 매우 중요한 감정이다. 생후 3년 이내에 경험하는 모든 것들은 인간이 살아가는 기본적인 것을 만들어내는데 이것을 프로이트는 무의식이라고 정의했다. 최근 뇌과학 연구에 따르면 프로이트의 이론들이 뇌과학의 연구 결과와 동일한 내용이 많다는 사실이 밝혀졌다. 생후 3년 이내에 뇌가 매우 많은 발달을 하게 되는데 이 시기에 만들어진 두뇌의 구조는 살면서 기본 구조가 크게 변하지 않는다고 한다.

기본적인 구조 위에 경험이 쌓여서 만들어지는 것이 인간이라는 존재이다. 생후 3세 이전에 경험하는 것들이 인간이 살아가는 생각의 구조를 만들어낸다. 생물학적인 구조뿐만이 아니라 생각과 감정과 행동의 구조까지 만들어낸다. 특히 '생존과 관련이 있는 불안감을 아이의 부모가 어떻게 다루는가'는 아이가 예민하게 자랄지를 결정하는 중요한 요소가 될 수밖에 없다.

예민한 아이들은 우뇌의 활동이 더 활발했는데, 오른쪽 이마보다 왼쪽 이마의 온도가 더 낮았다. 민감한 감각을 타고난 사람들은 우뇌를 더 많이 사용하는 것이다. 뇌과학 연구에서 정보를 처리하는 방식을 살펴보면 예민한 사람이 우뇌를 더 많이 사용한다고 한다. 우뇌는 아주 어릴 때 겪었던 신체와 감정 경험을 기본으로 사용한다. 우뇌를 기본적으로 사용하면 새로운 장소나 새로운 사람, 새로운 상황에서 일단 멈추고 난 후에 자신이 경험한 과거의 경험을 검토하게 된다.

우뇌에서 검토를 하는 과거의 경험은 지금까지 살아온 전체의 기억과 경험이 아니라 생후 36개월 이전의 기억을 말한다. 36개월 이전의 경험은 우뇌에 기억이 되는데, 오감이 민감한 아이가 3세 이전에 경험하는 것이 어떤 것인지에 따라서 예민한 아이가 되기도 하고, 그다지 예민하지 않은 아이로 크기도 한다.

⋮ 불안감은
⋮ 생각의 습관을 만든다

민감한 아이들은 소리나 빛, 스킨십 등의 자극을 더 강하게 받아들인다. 성인이 느끼는 것의 몇 배 이상으로 받아들이기 때문에 강렬한 자극은 아픔으로 느껴진다. 특히 큰 소리나 매우 강렬한 빛과 같은 것들이 해석되지 않을 때 매번 강렬한 불안감을 느낀다. 무섭고 불안할 때 성인조차 자신이 안정감을 느낄 수 있는 것을 찾는다. 세상이 어떤 곳인지도 알지 못하는 아이들에게 이런 자극들은 생존을 위협하는 자극으로 여겨진다. 그래서 불안감이 매우 높은 상태가 된다. 불안할 때는 자신을 지켜줄 수 있는 장소나 보호해줄 수 있는 존재를 찾게 되는데, 무섭고 불안할 때 부모가 달려오면 안정감을 얻는다. 그런 과정을 몇 번 거치게 되면 이런 생각을 갖게 된다.

'세상은 불안하고 무섭지만, 그래도 나를 지켜주는 존재가 있어.'

하지만 아무리 울어도 달려오는 사람이 없거나, 누군가가 안아주긴 하지만 안전하다는 느낌을 받지 못한다면 이런 생각의 구조를 갖게 된다.

'세상은 불안하고 무서운 곳이다. 내가 나를 지켜야만 해. 대체 왜 이런 일이 벌어지지?'

자연스럽게 형성된 생각과 감정의 습관은 성인이 되어서도 사라지지 않는다. 그저 다른 상황에 적용이 될 뿐이다. 갓난아기일 때는 나를 지켜주는 사람이 없다는 불안감이라면 성인이 되면 자신이 처한 상황에 따라서 그 형태가 무궁무진하게 발전이 되기 시작한다.

"이번 시험에 떨어지면 어떡하지?"

"저 사람이 나를 떠나면 어떡하지?"

"이번 프로젝트가 실패하면 안 되는데."

"저 사람이 저런 표정을 짓는 건 나를 싫어해서 그런 건가?"

아이가 울음을 터트릴 때, 엄마가 빠르게 달려가서 아이를 안아주면 안정감을 주고 안심을 시켜주면서 아이의 불안감은 해소된다. 하지만 부모가 아무리 안정감을 주려고 노력하더라도 전혀 안정감을 느끼지 못하는 아이도 있을 수 있다. 언제나 예외는 존재하기 때문이다.

대체 저 사람은
왜 저럴까?

우리가 가장 많이 하는 생각에는 바로 이것이 붙는다. "왜?"라는 질문, 밤새 생각하고 수없이 돌이켜 생각해봐도 답을 몰라서 답답할 뿐이다.

"왜 그 사람은 그런 행동을 할까?"

"왜 그 상황에서 그런 말을 했지?"

"왜 그런 표정을 지었을까?"

"왜 거기서 만나자고 했을까?"

"왜 이런 상황이 생겼지?"

자신도 모르게 계속 머릿속에서 돌아가고 있는 생각이 바로 '왜?(Why?)'이다. 자신도 모르게 자동적으로 생기는 이 의문을 풀기 위해서 계속 생각을 한다. 우리가 하는 생각은 절대 멈추지 않는 시계 초침과 같이 계속 째깍째깍 움직인다. 머릿속이 너무나 바쁘게 생각에 생각을 거듭한다. 바로 이 생각이 예민함과 둔감함을 나누는 핵심이 된다.

예민한 사람들은 무의식적인 불안감을 갖고 살아가고 있는 사람들이다. 불안할 때 자신을 지키는 방법은 상황을 빨리 파악하는 것이다. 본능적으로 불안한 상황에서 벗어나기 위해서 신체는 긴장한 상태가 된다. 긴장한 상태일 때 주변 상황을 더 많이 관찰하고 더 빠르게 사소한 것을 포착한다. 그리고 머릿속에서는 그 포착한 단서들을 해석하기 시작한다.

예민한 사람들은 주변 사람과 상황을 관찰하는 훈련이 되어 있다. 누가 시켜서 훈련이 된 것이 아니라 본능적으로 스스로 훈련을 해온 것이다. 관찰을 하고 난 후에 자신이 포착한 것을 해석하기 시작한다. 상황을

파악하기 위해서는 관찰한 것의 결과를 해석해야 안심할 수 있기 때문이다. 문제는 자신이 관찰한 것들을 모두 해석할 수가 없다는 점이다. 그러다보니 자신도 모르는 사이에 '왜?'라는 질문을 계속 할 수밖에 없다.

아마 궁금할 것이다. 대체 왜 나는 다른 사람들의 아주 작은 표정, 눈빛의 변화, 행동의 변화를 민감하게 알아채는 사람이 된 것일까. 왜 먼저 일단 멈추고 상황을 알아보고 행동을 하는 사람이 된 것일까. 그건 바로 무의식적인 불안감을 느끼기 때문이다.

프로이트는 인간의 근본적인 생존욕구를 만드는 것이 불안감이라고 했다. 하지만 예민한 사람에게는 무의식적인 불안감이 매번 긴장을 하게 만들고 계속되는 긴장감이 바로 스트레스가 된다. 민감한 감각을 가진 사람이라도 어떤 사람은 크게 예민하지 않지만, 어떤 사람은 예민한 사람이 된다. 그 이유는 생각의 습관 때문이다.

모든 사람은 자신만의 '생각의 구조'를 갖고 있다. 어떤 상황이나 자극이 있을 때 무의식적으로 생각을 하는 과정이 있는데, 그 과정의 패턴은 매번 동일하다. 이것을 '자동적 사고'라고 부른다. 생각의 패턴이 동일한 이유는 아주 간단하다. 그냥 습관이 그렇게 된 것이다. 습관이 행동에만 있는 것이 아니다. 생각에도 습관이 있고, 감정에도 습관이 있다. 습관은 뇌의 회로가 고정이 되었다는 것을 의미한다. 상황이 바뀌더라도 한 사람의 습관은 바뀌지 않는다.

오감이 민감하게 태어난 사람들은 민감하지 않은 사람보다 더 많이 두려움을 느끼기 때문에 예민해질 확률이 조금 더 높다. 하지만 민감한 사람들만 예민한 반응을 하는 것이 아니다. 오감이 민감하지 않더라도 '자동적인 사고'가 불안한 생각의 구조를 갖고 있는 사람도 예민할 수 있다.

결국 오감으로 받아들인 정보를 해석하는 과정에서 부정적으로 결론을 내기 때문에 문제가 된다. 생각의 습관이 어떤지에 따라서 '예민함'과 '둔감함'으로 나뉠 수 있다. 둔감한 사람이 진짜 모든 것에서 다 둔감할까. 절대 그렇지 않다. 둔감한 사람들이 예민한 사람들과 다른 것은 예민하게 생각하는 부분이 적다는 점이다. 같은 자극이 눈에 들어와도 예민한 사람은 밤새 고민한다면 둔감한 사람은 신경을 쓰지 않는다는 부분에서 차이가 있다.

부정적인 해석이 생존본능이라고?

예민한 사람들이 갖고 있는 생각의 습관

사람은 부정적인 신호를 더 많이 기억할까? 긍정적인 신호를 더 많이 기억할까? 정답은 부정적인 신호이다. 이유는 아주 간단하다. 본능적으로 부정적인 신호를 빨리 포착하고 빠르게 대처해야 생존할 수 있었기 때문이다.

예민한 사람들은 일반 사람들보다 작은 신호를 잘 포착한다. 예민한 사람들 중에서 어떤 사람들은 자신이 포착한 신호에 의미를 부여하고 부정적으로 해석하기 시작한다. 부정적으로 해석하기 시작하면 사람은 긴장을 놓지 못하게 된다.

1년여간 만남을 가져왔던 모임에서 처음으로 함께 서울 외곽에 있는 찜질방에 가게 됐다. 한 여성이 모임의 한 남자에게 말을 건다. 이 두 명이 친한지 친하지 않은지는 알 수 없지만 적어도 1년여간 좋은 관계를 유지했으리라 쉽게 유추할 수 있다. 그러던 중 찜질방에서 이 여성이 이렇게 말을 했다.

"오빠랑 나랑은 참 안 맞아! 안 맞아!"

문제는 여성은 둔감하고 남성은 예민하다는 점이다. 이 말을 들은 남성은 혼자서 생각이 많아졌다.

'왜 이런 말을 했지?'
'아무 이유 없이 이런 말을 할 리가 없는데.'
'나랑 친해지기 싫다는 뜻인가?'
'나랑 거리를 두기 위한 말이겠지?'

'이런 말을 사람이 많은 곳에서 하는 이유가 있겠지?'
'분명 거리를 두자는 뜻일 거야.'

자신과 거리를 두고자 하는 상대방의 생각을 존중해서 혼자 마음의 정리를 시작했다. 인간관계에도 거리가 있으니 상대방이 원하는 정도의 관계를 유지해야겠다고 마음먹은 것이다.

반대로 둔감한 여성은 이 말을 한 것 자체를 기억하지 못한다. 왜 그런 말을 했는지 같은 모임의 사람이 물어보자 전혀 새로운 이야기를 듣는 듯이 반응했다.

"내가 언제? 그런 말을 했어? 왜 그렇게 말했지?"
"아마 편해서 그런 말을 하지 않았을까?"
"농담했겠지. 근데 그 말이 뭐가 잘못됐어?"
"친한 사이에서는 그런 말은 할 수 있지 않아?"

그 말로 상대방이 상처를 받았다고 말을 하는데, 이 여성은 도대체 이해가 되지 않는다. 사회생활을 하면서 오빠라고 부르는 정도면 친한 사이라고 생각해서 농담을 했을 뿐인데 상처를 받았다니 황당하다는 것이다.

자신들이 파악한 정보를 부정적으로 해석하는 것은 예민한 사람들만의 전유물이 아니다. 진화론의 관점에서 모든 인간은 자신이 파악한 것을 부정적으로 해석해야 자신의 생명을 살릴 수 있는 것들이 많았다. 아주 사소한 단서에서도 위험요소를 찾아내야만 도망갈 수 있다. 그래서 우리는 대부분 긍정적인 단서보다 부정적인 단서에 주의를 기울인다. 객관적인 정보라고 할지라도 부정적으로 해석을 하는 이유도 바로 생존본능인 셈이다.

생각이 많아서 생긴
오류

예민한 사람들이 관찰하고 포착한 단서들이 실제로 그들이 생각하는 결론과 일치하면 문제가 없다. 하지만 그들이 관찰한 것과 일치할 수도 있고 일치하지 않을 수도 있다.

친한 여성 둘이 함께 식사를 하러 갔다. 식사를 하러 간 장소는 경기도의 한 유명한 식당이었다. 그곳은 모임에서 알게 된 남성이 운영하는 곳이었는데 그 남성과 함께 식사를 하면서 세 명은 서로 농담을 주고받으면서 즐거운 시간을 보냈다. 그리고 여성 둘이 커피를 마시러 커피전

문점에 갔는데, 한 여성이 다른 여성에게 물어보는 것이다.

"아까 왜 농담을 그렇게 했어? 그 사람 표정 봤어? 불편해하던데."

식당에서 만났던 남성의 표정이 불편해 보였다는 것이다. 그러니 다른 사람들이 불편할 것 같은 농담은 하지 말라는 조언을 하였다. 그런데 반전이 숨어 있었다. 사실 그 남성은 불편하게 만들었다던 그 여성에게 호감을 표시했다고 한다. 농담할 때 순간적으로 지었던 당황하는 표정은 그저 스치는 것이었을 뿐이다. 잠깐 당황하는 표정을 보였다고 해서 그 표정과 그 순간의 감정이 그 사람 마음의 전부라고 할 수는 없다.

예민한 사람들이 알아챈다고 하는 것들은 아주 사소한 표정이나 말투, 단어 혹은 손짓과 같은 세밀한 것들이다. 사람과의 관계를 살펴볼 때 관계의 전체와 맥락을 살펴봐야 하는데, 너무 작고 사소한 것까지 모두 의미를 부여하게 되면 오히려 제대로 된 판단을 하지 못하게 되는 수가 있다.

상황을 객관적으로 파악하고 판단하기 위해서 고려해야 하는 것들은 그 당시의 상황과 각자의 입장, 성격이나 모임의 특징 등 여러 요소에 따라서 달라진다. 또한 아무리 같은 상황이라고 할지라도 각자의 입장과 역할에 따라서 다르게 해석될 수 있다. 함께 같은 자리에 있어도 결국 자신이 해석하고 싶은 대로 해석을 한다는 것이다. 입장에 따라서 상황을 객관적으로 볼 수 없는 것이 인간이다.

인간은 객관적으로 상황을 파악하고 싶어도 그럴 수가 없다. 오감을 통해서 받아들인 정보를 인지하는 사이에 이미 자동적으로 필터링이 되기 때문이다. 첫 번째 필터는 '지식필터'이고 두 번째 필터는 '가치필터'이다. 자신이 알고 있는 지식 안에서만 알아챌 수 있고, 자신이 중요하게 여기는 가치와 관련된 것들만 받아들이게 되어 있다. 모든 인간은 자신이 보고 싶은 것만 보고, 자신이 중요하게 생각하는 것을 더 자세히 기억한다. 이렇게 받아들인 외부의 상황에 자신만의 이름표나 꼬리표를 붙이기 시작하면 상황을 완벽하게 왜곡해서 받아들이게 된다. 어떤 사람은 긍정적으로 왜곡을 하고, 어떤 사람은 부정적으로 왜곡을 한다.

분명
의도가 있을 거야

왜 다른 사람들의 작고 사소한 말과 행동을 잘 포착하는 것일까. 그 이유는 우리가 그것을 중요하게 여기기 때문이다. 자신이 중요하게 여기는 것이 더 눈에 잘 띄게 되어 있다. 만약 명품 가방을 사고 싶어 하는 사람이라면 다른 사람들이 들고 다니는 명품 가방만 눈에 보일 것이다. 차량을 구입하고 싶은 사람이라면 차종과 차의 성능에 대한 구체적인 정보에 관심이 많아진다.

사소한 것에 관심을 두는 이유는 상대방이 왜 그런 행동을 하는지 알고 싶기 때문이다. 그 의도를 알면 대처가 쉽다. 아주 작은 단서에서 그 사람이 왜 그렇게 행동하는지 이유를 알려 하는 것을 '의도짐작'이라고 부른다. 상대방이 어떤 의도로 그런 말과 행동을 하고 표정을 지었는지 자기 나름의 의도를 추측하고 짐작하여 결론을 내리는 것이다.

상황에 따라서 의도를 갖고 하는 말이 있기도 하지만, 의미 없는 경우도 많다. 의도를 갖고 있더라도 그것은 상대방의 의도일 뿐 우리가 원하는 것이 아닐 수도 있다. 수많은 변수들이 있는데, 우리는 상대방의 표정 변화와 말투 같은 작은 단서를 통해서 많은 것을 알고 싶어 한다. 문제는 그 의도를 짐작했을 때 우리가 추측한 의도가 맞냐는 점이다. 인간은 자신이 중요하게 여기는 것을 모든 사람이 중요하게 생각할 것이라는 착각에 빠져 있다. 누구나 자기중심적으로 생각하기 때문이다. 때문에 상대방이 아무 의미 없이 한 말에 대해서도 의도가 있을 것이라고 생각한다.

사람들은 새로운 상대를 만났을 때 한 단면을 보고 상대를 평가하는 경향성이 있다. 그 사람을 모두 알기가 어렵기 때문에, 상대방이 하는 말과 행동을 통해서 유추해낼 수밖에 없다. 인간관계를 맺는 과정은 상대방을 파악하는 것에서부터 시작한다. 상대방의 말과 행동을 통해서 그 사람이 어떤 사람이라는 것을 계속 알아가는 과정이 인간관계이다. 그 사람의 한 마디, 그 사람의 한 가지의 행동을 보고 그 사람에 대해서 단정적으로 생각하는 것은 '일반화의 오류'이다. 일반화의 오류란 작은 부분을 전체로 착각해서 생기는 생각의 오류를 말한다. 사람이나 사물 혹은 현상에서 한 쪽만 보고 그 사람에 대해서 평가를 하거나 추측해서 판단하는 것이다.

예민한 사람들은 상대방의 말과 행동으로 알아낸 정보를 통해서 상대방을 판단하고 상대방에 맞춰서 행동하는 것을 배려라고 생각한다. 그러나 상대방이 한 행동이 모두 일관적인 것이 아니라 충동적으로 한 행동일 수도 있고, 아무 의미 없이 그냥 한 말도 있을 수 있다. 그래서 때때로 예민한 사람들은 숲을 보는 것이 아니라 나무를 보고 숲을 판단하는 오류를 범하기도 한다.

나 혼자만 중요하다고
여기는 것들(가치필터)을 찾아라

　서양 동화 가운데 '핑크대왕 퍼시'라는 이야기가 있다. 퍼시는 광적으로 핑크색을 좋아했다. 옷, 물건, 심지어 음식까지 모두 핑크색이었다. 그러나 그것으로 만족할 수 없었다. 그래서 백성들의 모든 소유물도 핑크색으로 바꾸라는 법을 제정했다. 그리고는 나무, 풀, 꽃, 동물까지 핑크색으로 염색하라고 명령했다. 그런데도 단 한 가지 핑크색으로 바꾸지 못한 것이 있었다. 바로 하늘이었다. 왕의 권력으로도 하늘을 핑크색으로 바꾸는 것은 불가능한 일이었다. 그래서 고민 끝에 스승을 찾아가자, 스승은 퍼시의 고민을 이미 해결했다고 말했다. 그러면서 스승이 준비한 안경을 끼면 된다는 것이다. 퍼시는 안경을 쓰고 하늘을 바라보자 하늘이 온통 핑크색으로 보였다. 스승은 퍼시에게 핑크색 렌즈로 만든 안경을 준 것뿐인데, 온 세상이 핑크색으로 변하게 된 것이다.

　우리가 쓰고 있는 안경의 색에 따라서 세상이 달라 보인다. 사람은 보이는 것을 보는 것이 아니라 보고 싶은 것을 본다. 핑크색 안경을 쓰면 온 세상이 핑크색이 되는 것처럼 우리가 쓰고 있는 안경이 바로 가치(Value)이다. 세상을 바라보는 자신만의 시각과 관점, 고정관념이 가치(Value)이다. 누구나 자신이 가장 중요하게 생각하는 자신만의 필터인

가치(Value)에 따라서 자신만의 경험을 만들고 자신만의 기억을 만든다.

인간은 외부의 정보를 받아들이는 데에 오감을 활용한다. 시각·청각·후각·미각·촉각을 활용하여 정보를 모으고, 생존에 필요한 정보를 수집한다. 인지력의 한계로 인하여 오감을 통해서 수집한 모든 정보를 기억할 수는 없다. 그 중에서 중요한 정보와 중요하지 않은 정보를 본능적으로 구분해서 받아들이기도 하고, 인간의 인지 능력에 따라서 수집하는 정보의 질(質)이 달라지기도 한다.

윌리엄 글래서(William Glasser)는 오감을 통해서 받아들인 외부의 정보를 인간이 인지하는 데에는 두 가지의 필터가 있다고 주장한다. 그 첫 번째 필터는 바로 '지식필터'로 '보이는 만큼 아는 것'이 아니라 '아는 만큼 보인다'는 것이다. 그리고 두 번째 필터가 바로 가치필터이다. 우리가 쓰고 있는 안경의 컬러를 자각하고 있는 사람은 많지 않다. 자신도 모르는 사이에 사람들을 보고 관찰하는 것들이 가치필터에 의해서 자동적으로 걸러져서 정보가 들어온다. 같은 장소에서 같은 것을 보고 듣고 관찰하더라도 가치필터에 따라서 다른 것을 기억하고 경험한다.

예민한 사람들이 다른 사람들에게서 발견하는 것들이나 신경이 쓰이는 것들은 아무 의미가 없는 것이 아니다. 신경이 쓰인다는 것은 자신이 그 부분을 특별히 중요하게 여긴다는 것을 의미한다. 중요하게 여기는 것을 지키고자 하는 일은 인간의 가장 중요한 생존 활동이다.

1993년도에 개봉된 영화 인디아나존스에서는 성배를 찾는 이야기가 나온다. 영화의 클라이맥스에 아버지와 아들은 드디어 성배가 있는 방을 찾았다. 그리고 방 안에 수없이 많은 성배들을 보게 된다. 수백 개의 성배들 중 진짜 성배는 단 한 개 밖에 없었다. 진짜 성배에 물을 담아서 마시면 영생을 얻기도 하고, 다친 사람의 상처가 말끔히 낫기도 한다. 하지만 가짜 성배에 물을 담아서 마시면 그 물이 독으로 변해서 죽게 된다.

우리에게 가치(Value)는 성배와 같다. 진짜 성배(가치)를 찾는다면 나의 삶에서 가장 중요하게 여기는 것을 찾고 거기에서 시작된 자신의 사고방식과 행동방식을 이해할 수 있다. 자기 자신을 이해할 수 있다면 자신이 원하는 것을 이루기 위해서 활용할 수도 있게 된다. 가치란 자신이 중요하다고 생각하고 우리가 하는 행동을 정당하게 만드는 것으로 우리가 하는 행동의 평가 기준이 된다. 즉, 내가 세상을 바라보는 렌즈가 '가치'이다. 우리의 가치를 찾는 것은 매우 중요하다. 우리가 살면서 가장 중요하게 생각하는 것이자 다른 사람들로부터 훼손당했을 때 상처를 받고 화가 나게 되는 것이 무엇인지 알 수 있기 때문이다. 다음 표에서 내가 가장 중요하게 생각하는 가치를 찾아보도록 하자.

가치	의미	체크
감사	고맙게 여기는 마음	
결단	의사결정 시 결정적인 판단을 하거나 단정을 내림	
결속	조직 내에서 마음이나 역량을 뭉치게 함	
겸손	남을 존중하고 자기를 내세우지 않는 태도	
계획	앞으로 할 일의 절차, 방법, 규모 따위를 미리 헤아려 작정함	
공정성	어느 한 쪽의 의견으로 치우치지 않고 공평함	
공헌	조직을 위해 힘을 써 이바지함	
관용	남의 잘못을 너그럽게 받아들이거나 용서함	
균형	어느 한 쪽으로 기울거나 치우치지 아니하고 고른 상태	
근면	나의 업무에 있어 부지런히 일하며 힘씀	
긍정	마음의 밝은 면을 규명해서 생각함	
끈기	쉽게 단념하지 아니하고 끈질기게 견디어 나감	
나눔	즐거움이나 고통, 고생 따위를 함께하다	
다양성	사람마다 다르게 생각하는 가치를 존중해주는 태도	
단결	많은 사람이 마음과 힘을 한데 뭉침	
도전	새로운 기록 경신을 세우거나 어려운 일을 행하는 것	
독립	다른 것에 예속되거나 의존하지 않는 상태	
믿음	어떤 사실이나 사람을 믿는 마음	
배려	도와주거나 보살펴주려고 마음을 씀	
변화	새로운 것이나 달라짐에 대해 유연하게 대응함	
사랑	다른 사람을 아끼고 귀중히 여기는 마음	
사려	여러 가지 일에 대하여 깊게 생각함	
성공	목적하는 바를 이룸	
성실	내가 맡은 일에 선한 마음으로 힘을 씀	
성취	목적한 바를 이룸	
세심함	작은 일에도 꼼꼼하게 주의를 기울여 빈틈이 없음	

소속감	자신이 어떤 집단에 소속되어 있다는 느낌	
순발력	순간적으로 판단하여 말하거나 행동하는 능력	
시민정신	자유롭고 평등한 인간으로서 자신의 생활을 향상시키려는 입장에서 발언하는 태도	
신뢰	굳게 믿고 의지함	
신중	잘못이나 실수가 없도록 말이나 행동에 정성을 다함	
안전	위해를 받는 일이 없도록 대책을 세우려 함	
열정	어떤 일에 열렬한 애정을 가지고 열중하는 마음	
올바름	말이나 생각, 행동 따위가 이치나 규범에서 벗어남이 없이 옳고 바름	
완벽	결함이 없이 완전함을 이르는 말	
용기	어떤 현상 앞에 씩씩하고 두려워하지 않음	
용서	지은 죄나 잘못한 일에 대하여 꾸짖거나 벌하지 아니하고 덮어줌	
유연성	고정적인 사고의 틀에서 벗어나 다양한 각도에서 문제의 해결책을 찾음	
의지	어떠한 일을 이루고자 하는 마음	
자발성	남이 시키거나 요청하지 아니하였는데도 자기 스스로 나아가 행함	
자신감	스스로 어떤 일을 해낼 수 있다거나 꼭 그렇게 되리라 믿는 마음	
절제력	정도에 넘지 아니하도록 알맞게 조절하여 제한함	
정의	진리에 맞는 올바른 도리	
조직화	일정한 질서를 갖고 유기적인 활동을 하게끔 통일이 이루어짐	
지혜	문제의 이치를 빨리 깨닫고 정확하게 처리하는 정신적 능력	
진실	거짓이 없는 사실	
질서	혼란 없이 순조롭게 이루어지게 하는 규칙적인 관계	
창의성	새롭게 생각해낸 창조적인 의견이나 방안	
책임	맡아서 해야 할 임무나 의무	
체계화	조직원이 일정의 상호 연관관계를 갖고 공통목적에 공헌하는 구조	
최고	으뜸인 것	
최선	어떤 목적을 이루고자 할 때 다양하게 살펴본 방안들 중 가장 효율적인 선택	

충성	진정에서 우러나오는 정성을 바침	
탁월성	남보다 두드러지게 뛰어남	
통찰력	새로운 사태에 직면하여 의미를 다시 조직화하여 문제를 해결함	
행복	생활에서 충분한 만족과 기쁨을 느끼어 흐뭇함	
헌신	몸과 마음을 바쳐 있는 힘을 다함	
협력	힘을 합하여 서로 도움	
호기심	새롭고 신기한 것을 좋아하거나 모르는 것을 알고 싶어하는 마음	
희망	앞일에 대하여 어떤 기대를 가지고 바람	

갑자기 예민해진 데에는 이유가 있다

언젠가부터
갑자기 예민해진 사람들

우리는 예민한 사람들만의 독특한 생각의 구조가 있을 것이라고 생각하기도 한다. 물론 예민한 사람만이 갖고 있는 생각의 구조가 있는 것은 맞다. 하지만 때에 따라서는 누구나 예민한 사람이 될 수 있다. 자신이 처해 있는 환경에 따라서 둔감한 사람도 예민해지고, 예민한 사람도 한없이 둔감해지는 경우가 있다. 어떤 사건으로 인하여 갑자기 예민해진 경우가 있기도 하고, 지속적인 긴장상태를 유지하기 때문에 예민해지기도 한다.

내 책임이
아닐까

김 팀장은 이번에 회사에서 진행하는 일 중에서 반드시 성사시켜야만 하는 계약이 있다. 그 계약을 성사시키지 못하면 부서의 실적이 반 토막이 날 수 있는 매우 중요한 계약이다. 하지만 아직 계약서에 사인을 한 것은 아니기 때문에 한시도 긴장을 늦출 수가 없다. 상대편에서 계약서에 사인을 하기 바로 직전에 뭔가 마음에 걸리는지 잠깐 검토할 것이 있다고 하는 것이다. 그 순간, 김 팀장은 불길한 느낌이 들었다. 거의 확실한 계약 건이 엎어진 일을 몇 번 경험하고 나서부터 계약이 성사되기 전까지는 잔뜩 예민해지는 것이다.

예민한 것이 꼭 대인관계에서만 시작된다고 볼 수 없다. 자신이 맡고 있는 프로젝트나 계약, 혹은 일과 관련되어 있거나 그 외에서도 자신이 반드시 책임감을 갖고 완료해야 하는 것들이 있을 수 있다. 인간관계에서 발생하는 예민함의 문제는 자신의 생활과 관련이 되어서 예민해질 수밖에 없는 것들이다. 중차대한 계약을 앞두고 있는 상황에서 편안하고 느긋하게 시간을 보낼 수 있는 사람은 분명 없을 것이다. 당연히 긴장을 하고 기다리고 있을 것이다. 그리고 혹시라도 잘못되는 일이 생기지 않도록 검토하고 또 검토하게 된다.

신경이 곤두서 있기 때문에 고객사의 사소한 말 한마디가 사소하게 들리지 않고, 부하직원의 아주 작은 실수가 작은 실수가 아니라 큰 실수로 보이게 된다. 그냥 자신도 모르게 그 부분이 확대가 되어서 보이는 것이다. 이것을 '과도한 책임감 오류'라고 말한다.

자신의 일에서 책임감을 느끼고 최선을 다하는 것은 매우 중요하다. 그러나 직장에서 퇴근을 하고 나면 그 긴장감을 내려놓고 휴식도 취하고 책임감을 손에서 놓을 줄도 알아야 한다. 휴식을 하면서 신체가 쉴 수 있는 시간과 공간을 만들어줘야 한다. 가정에서조차 휴식을 취하지 못하고 계속 책임감을 느끼면서 일에 대한 생각에서 벗어나지 못하면 문제가 된다. 결국 그런 긴장감이 지속되면서 아주 사소한 일을 그냥 지나치지 못하는 예민함을 갖게 되기 때문이다.

예민하게 행동하는 사람들 중 과거부터 예민한 사람은 아니었는데, 갑자기 예민하게 구는 사람들이 생기기도 한다. 과도한 긴장감과 스트레스가 예민한 신체 상태로 만들기 때문에 후천적으로 예민해지기도 한다.

후천적으로 긴장이 계속되어 생기는 예민함을 없애는 방법은 단 하나이다. 쉬어야 한다. 여유가 없더라도, 잠깐이라도 자신을 위한 휴식이 필요하다.

나한테 문제가 있는 것은 아닐까

한 취업준비생의 하소연이다. 학교를 졸업하기 전에 휴학을 하고 취업을 위한 스펙 만들기에 돌입했다. 토익점수도 높이고 봉사활동도 하고, 금융 자격증도 따면서 나름대로 준비를 철저히 해왔다고 자신을 했다. 아무리 취업이 어렵다고 하더라도 이정도로 준비하면 취업하는 데 문제는 없을 것 같다는 생각을 했다. 그리고 두려움 반 기대 반으로 이력서를 내고 취업을 위해서 노력하기 시작했다. 그러나 구직활동은 쉽지 않았고, 시간이 지날수록 취업이 되지 않는 게 다 자신의 탓인 것만 같고 위축이 되기 시작했다. 취업에 대한 얘기가 나오기만 해도 예민해지고, 가족모임은 피하게 됐다고 한다.

평상시에 둔감하다는 말을 들었던 사람이라고 할지라도 자신의 삶에서 중요한 어떤 사건을 겪거나 중요한 시기에는 예민해지게 된다. 예민해지는 것이 잘못된 것은 아니다. 그만큼 자신의 인생에서 중요한 사건이라는 의미이다. 그 사건이 종료가 되어야 예민한 것도 끝이 난다. 취업이 인생에서 중요하기 때문에 취업을 하지 못하면 계속 그 말만 들어도 예민해질 수 있지만, 취업을 하고 나면 본래 자신의 모습으로 돌아온다. 하지만 습관이 되어 직장생활을 하면서도 계속 예민하다면 가장 힘들고 피곤한 것은 자기 자신이다. 스트레스 때문에 생긴 예민함이 습관이 되지 않도록 미리 예방하려고 노력해야 한다.

트라우마에서 시작된
예민함

한국경제신문에 종종 소개되는 '김과장&이대리'라는 코너가 있다. 재미있는 직장인의 소소한 이야기들이 많은데 그 중에 한 가지를 소개하고자 한다.

대기업에 다니는 커리어 우먼인 서 대리는 어느 날부터 회사 수련회는 절대 가지 않는다. 그 이유는 수련회에서 있었던 일 때문인데, 서 대리가 신입사원 시절 동기 2명과 함께 회사 수련회에서 장기자랑을 하게 되었다고 한다. 장기자랑을 할 수 있는 장기라고는 단 한 가지도 없었고,

동기들 모두 음치에 몸치였다고 한다. 그래서 장기자랑에서 자신들의 무능을 커버하기 위해서 망가지는 것을 선택했다.

그 당시에 인기를 끌던 '고음불가'를 부르기로 결정하고 고무장갑을 머리에 쓰고 노래를 부르는 것으로 패러디를 했다. 세 명의 여성이 머리에 고무장갑을 쓰면서 노래를 부르자 곳곳에서 박장대소를 하고 나이 지긋한 임원들까지도 배를 잡고 웃을 정도로 반응이 좋았다. 하지만 누군가 이 장면을 촬영해서 사내 게시판까지 올린 것이 문제였다. 한동안 게시판 조회수 1위를 차지할 정도로 반응이 좋았지만 당사자들의 기분이 좋았을 리가 없다. 서 대리는 그 이후로 절대 회사 수련회는 가지 않는다고 한다.

한 여성은 저녁에 집으로 가는 길에 누군가가 따라오는 발소리를 들었다. 빨리 집으로 가려고 빠르게 걷기 시작하는데, 뒤에서 따라오는 발소리도 빠르게 따라오기 시작하는 것이다. 누가 따라오는지 뒤를 돌아보는 순간 한 남자가 입을 막고 뒤에서 그 여성을 안았다고 한다. 무서워서 소리를 치고 싶어도 손으로 입을 막고 있어서 소리를 지르지도 못하고 몸이 굳어서 아무것도 못하고 있었다. 그 남자가 손으로 입을 막고 어딘가로 끌고 가려고 하는데, 마침 골목으로 한 부부가 걸어오면서 도란도란 말을 하는 소리가 들렸고 입을 막고 있는 남자가 당황하더니 어디론가 도망을 가버렸다. 여성은 긴장이 풀려서 골목에 주저앉아 울었고, 부부의 도움으로 골목을 빠져나올 수 있었다. 그 이후로 이 여성은 작은 소리에 예민해지고 직장에서도 누군가가 부르거나 어깨를 툭 치면 깜짝 놀라서 덜덜 떨게 됐다고 한다.

이렇듯 타고난 예민함뿐만이 아니라 어떤 사건에 의해서 예민해질 수 있다. 예민하다는 것이 단순히 까칠하게 군다는 것을 의미하지는 않는다. 주변의 상황을 예의주시하며 긴장하고 있고, 빠르게 판단하기 위하여 일상적으로 주변을 관찰하고 정보를 수집하는 것을 포함하기 때문이다.

트라우마는 심리학에서 정신적 외상이라고 말한다. 충격적인 사건을 경험하고 사고 당시와 비슷한 상황이 되었을 때 불안감을 느끼는 것이다. 결국 불안감을 느끼게 되면 사람은 긴장하고 주변 상황을 살피고 관찰하고 아주 작고 사소한 것들로부터 알게 된 정보를 통해서 빠른 판단을 해야만 한다. 그래야 도망갈 수 있기 때문이다. 어떠한 충격적인 사건을 겪으면서 특정한 것에 예민한 사람이 될 수도 있는 것이다.

어두운 과거에
밝은 빛을 덧칠하는 연습

사람에게는 예민한 부분이 있다. 생각의 습관에 따른 것일 수도 있지만, 경험이나 과거 사건에서 시작되는 것도 있다. 이런 자신의 약점이나 열등감 같이 무의식적으로 각인이 되어 있는 것들은 신경 쓰이고 관찰하게 되고, 계속해서 생각을 하게 된다.

아무리 날씬한 사람이라고 할지라도 자신의 몸매에 열등감이 있으면 몸매에 대한 화제가 불편하게 느껴진다. 남들은 아무렇지 않은데 자신만 민감하게 반응하는 것이 한두 가지는 있게 마련인데, 이것을 우리는 '역린'이라고 부른다. 역린이란 용의 목에 거꾸로 나 있는 비늘이라는 뜻이다.

중국의 전국시대에 한나라의 한비라는 사람이 쓴 〈한비자〉의 '세난편(世難篇)'에는 이런 구절이 있다. '상상 속의 짐승인 용(龍)도 잘 길들이면 올라탈 수 있지만 용의 목 아래에 있는 거꾸로 나 있는 비늘인 역린(逆鱗)을 건드리면 반드시 건드린 사람을 죽인다.' 이 말은 임금을 용으로 비유한 것으로 임금에게도 역린이 있어서 역린을 건드리지만 않으면 신하도 자신의 목표를 달성할 수 있다는 말이다. 아무리 임금이라고 할지라도 숨기고 싶은 경험이 있고, 나약한 모습도 있고, 약점인 부분이 있다. 사람에게는 누구나 역린이 있어서 다른 사람에게는 중요하지 않지만, 자신에게만큼은 매우 중요해서 다른 사람이 건드리면 머리끝까지 화가 나거나 수치심이 드는 것들이 있다.

직장에서 갈등이 생기면 상대방을 비난하는 데 시간을 보내기 바쁘다. 실제로 상대방이 잘못했을 수도 있고, 상황이 이상하게 돌아갈 수도 있다. 우리의 인생에서 생기는 그 모든 사건은 우리가 원하는 대로 흘러가지 않는다. 직장에서 생기는 갈등을 분석해보면 사건 자체에 문제가 있는 경우도 많지만 그 사건을 대하고 있는 각기 다른 사람들의 다양한 생각, 그리고 그 사건을 다루면서 생기는 감정의 싸움인 경우도 많다. 그리고 감정싸움의 이면에는 각자 개인이 갖고 있고, 경험한 과거의 사건이 영향을 미치고 있다.

당신에게 역린(逆鱗)은 무엇인가? 자신이 꽁꽁 숨겨놓은 역린을 발견하고 이해할 수 있는 시간은 반드시 필요하다. 그리고 역린을 직면하고 자신의 가장 불편하고 피하고 싶은 부분을 인정하고 이해하는 과정이 필요하다. 나만의 역린을 찾는 것은 자신의 고통스러운 과거를 다시 꺼내서 고통을 느끼고 괴로움을 느끼는 것이 아니다. 오히려 그 과거를 새로운 시각에서 보고 새로운 관점으로 평가함으로써 현재와 미래를 바꾸는 작업인 것이다.

성향에서 생긴 것이든 경험에서 생긴 것이든, 자신만의 트라우마와 트라우마에서 발생한 사건과 상황들을 다루는 것은 축축한 과거의 사건을 꺼내서 따뜻한 햇볕에 말리는 작업과도 같다. 너무나 당연한 말이지만 과거는 바꾸지 못한다. 이미 일어난 일을 바꿀 수 있는 사람은 없다. 하지만 과거에 일어난 일을 다시 바라보고 그 사건에 새로운 의미를 부여하는 작업은 누구나 할 수 있다.

한 여성이 자기의 이야기를 털어놓았다. 어린 시절, 아버지가 자신을 아버지의 무릎에 엎어놓고 손으로 엉덩이를 때렸는데 너무 무섭고 아팠다고 했다. 그런데 성인이 돼서 때리는 장면을 캠코더로 보았는데, 아버지는 아주 살살 때리더라는 것이다. 그 장면을 보니 무언가 귀엽기도 하고 웃기기도 했다는 것이다.

우리가 한 경험을 평가하는 것은 매우 주관적이라는 함정이 있다. 누구나 같은 상황에서 같은 감정을 느끼는 것도 아니고, 경험하는 연령이나 시기에 따라서 다르게 받아들일 수 있다. 그러기에 자신의 역린을 살펴보는 일이 필요하다.

넘쳐나는 생각을 멈출 수 있을까?

생각의 습관을
끊어내려면

〈둔감력(鈍感力)〉을 쓴 와타나베 준이치는 둔감해지는 것을 강조한다. 둔감하기 때문에 더 오래 버틸 수 있고, 인내심을 가질 수 있다고 주장한다. 실제로 예민한 사람들이 둔감해질 수 있는 방법이 있다면 무엇이든지 하겠다고 한다. 그만큼 예민한 사람으로 살아오면서 생긴 생각의 습관은 끊어내기가 매우 어려운 것이다. 스스로도 생각을 멈추려고 노력하지만 계속 떠오르기 때문이다. 생각이 자신의 머릿속으로 침투해오는 것은 어쩔 수 없는 일이라고 생각한다. 아무리 노력해도 그냥 떠오르는 것을 어찌해야 할까.

심호흡으로
긴장수준을 낮춰라

인간이라면 누구나 중요하다고 생각하는 일에는 집중을 하고 몰입을 한다. 자신이 집중을 하는 것에 얼마나 몰입해 있는지, 몰입해 있는 시간이 어느 정도인지에 따라서 몰입에서 빠져나오는 시간은 다르다. 프로젝트에 몰입해 있는 기간이 길면 길수록 몰입에서 빠져나오기가 쉽지 않다. 신경을 많이 쓴 만큼 신체적으로 더 많이 긴장해 있기 때문에 '긴장상태'에서 '이완상태'로 가는 것은 당연히 시간이 걸린다.

자신도 모르게 예민하게 굴고 계속 짜증을 부리고 있다면 먼저 심호흡을 깊게 하라. 심호흡을 하면 이완이 되면서 긴장을 풀 수 있게 된다. 인간은 긴장을 하게 만드는 교감신경계와 긴장을 풀고 이완할 수 있게 만드는 부교감신경계가 있다. 이 두 가지는 시소와 같아서 한 가지가 높아지면 한 가지는 낮아지게 된다. 긴장을 많이 하면 휴식을 취하지 못하게 되고, 휴식을 취하면 긴장하지 못하게 되는 것이다. 긴장해 있는 몸과 마음을 이완시키기 위해서는 심호흡을 해야 한다. 심호흡을 하면 긴장수준이 낮아지면서 편안해지게 된다.

이때, 오감을 쉬게 해주면 좋다. 시각, 청각, 촉각, 후각, 미각을 사용하지 않는 것이 오감의 휴식이다. 눈을 쉬게 하려면 TV나 휴대폰을 끄고 불빛도 반짝이지 않는 깜깜한 방 안에 있으면 된다. 귀가 쉬려면 음악도 듣지 않고 적막한 공간을 만들면 된다. 단 5분이라도 오감을 쉬게 해도 피곤함이 사라지기도 한다.

몸이 편안해지게 되면 마음도 여유가 생길 수 있다. 일단 몸이 편안해지고 마음의 여유를 만들어야 생각을 멈출 수가 있다. 생각을 계속하고 있다는 것도 결국은 긴장하고 있다는 증거이기 때문이다. 심호흡을 통해서 일단 몸이 휴식을 취하는 상태로 만들어야 자신의 생각을 관찰할 수 있게 된다. 생각을 관찰하는 것은 매우 중요하다. 자신이 하고 있는 생각을 관찰해야 자신의 생각의 습관을 발견할 수 있기 때문이다.

자신의 생각을
관찰하라

생각을 하는 것일까? 생각이 나는 것일까? 우리의 생각은 생각이 '나기' 때문에 생각을 '하는' 것일까? 아니면 생각을 '하기' 때문에 생각이 '나는' 것일까? 이는 '닭이 먼저냐, 달걀이 먼저냐'인 것과 같다. 하지만 답은 명확하다. 생각이 나기 때문에 생각을 하는 사람이 훨씬 많다. 대부분의 사람들은 하루에 수만 가지의 생각이 났다가 생각이 사라진다. 생각을 멈추기가 힘들다고 하는 이유는 바로 여기에 있다.

자신의 생각 속에 몰입해 있으면 자신의 생각이 진짜로 일어나게 될 일인지 혼자 추측하는 일인지 구분하기가 어려워진다. 모든 인간은 자신의 일에 대해서는 객관적인 판단을 내릴 수 없다. 그렇다고 해서 자신에게 유리한 정보만을 선택해서 기억하고 판단할 수도 없다. 다른 사람의 사소한 표정이나 행동을 포착하고 그것을 계속해서 생각에 생각을 거듭하다보면 결국 생각 과잉으로 흘러가게 된다. 생각이 과잉된다는 것은 많은 생각을 통해서 여러 가지의 대안이 나온다는 의미가 아니다. 말 그대로 쓸데없이 생각이 과잉된다는 의미이다.

아이디어 회의를 할 때 사용하는 것이 바로 '마인드맵'이다. 마인드맵은 생각이 꼬리에 꼬리를 물어서 계속 이어지면 처음에 마인드맵을 시작했던 중심 단어와 전혀 관계가 없는 것들로 생각의 가지가 끝을 맺는다. 어릴 적 불렀던 노래 중에서 생각의 과잉을 보여주는 노래가 있다.

"원숭이 엉덩이는 빨개, 빨가면 사과. 사과는 맛있어. 맛있으면 바나나. 바나나는 길어. 길면 기차. 기차는 빨라. 빠르면 자동차~"

원숭이로 시작해서 끝이 나지 않는 긴 노래를 부르다 보면 처음의 원숭이라는 단어와 전혀 상관없는 끝맺음을 한다. 생각의 과잉이 바로 이것이다.

대부분의 사람들은 자신이 하는 생각이 이렇게 흘러 흘러서 전혀 다른 결론을 맺고 있다는 사실을 깨닫지 못한다. 자신이 무의식적으로 하는 생각을 관찰하지 못하고 조절하지 못하면 결국 객관적인 상황과 전혀 관계도 없고 연결도 없는 결론으로 인해 화를 내고 불안해하고 짜증을 낸다.

예민한 사람들은 둔감한 사람들에 비해서 과도하게 많은 자극을 받기 때문에 더 많은 생각을 하게 된다. 자신의 생각들을 관찰하지 않으면 너무나 많은 자극들이 생각의 과잉으로 이어져서 혼자서 억울해하기도 하고 화를 내고 불안해한다.

생각을 관찰하는 방법으로 명상이 있다. 불교에서 시작했지만 미국에서 스트레스 해소에 가장 좋은 효과를 나타내고 있다는 연구결과들이 나오게 되면서 구글 등 수많은 글로벌 기업의 임직원들이 명상의 다른 변형 프로그램인 수용전념치료(ACT)나 마음챙김 명상(MBSR)을 도입했다. 이 프로그램들이 미국에서 최고의 스트레스 해소 프로그램으로 환영받는 것은 자신이 스스로 자신의 생각을 관찰함으로써 무의식적인 자신의 생각을 교정할 수 있기 때문이다. 결국 자신의 생각을 관찰하게 되면 그 생각을 관리할 수 있게 된다.

명상을 하는 것에는 형식이 있는 것은 아니다. 정자세로 앉아서 명상을 하기도 하고 누워서 하기도 하고 걸으면서 명상을 하기도 한다. 사실, 인간의 삶과 행동이 모두 명상이 된다. 자신이 현재 하고 있는 것에 의식을 집중하는 것이다. 말을 하면서도 자신이 말을 하고 있다는 사실을 의식적으로 관찰하는 것도 명상이고, 자신이 음악을 들으면서 음악에 집중하는 것도 명상이다. 집중을 하다 보면 집중을 하기 위해서 계속 자기의 생각을 집중하려고 노력하면서 하는 생각들도 알아차리게 된다. 수십 가지의 명상 방법이 있지만 명상에서 추구하는 목표는 동일하다. '알아차림'이다.

자신의 생각을 알아차리고, 자신의 마음을 알아차리고, 자신의 행동을 알아차린다. 관찰하면 사라진다는 원리가 바로 명상의 원리이다. 그래서 생각을 관찰하는 순간 생각이 사라지고, 감정을 관찰하게 되면 감정이 사라진다. 자기 생각의 흐름을 관찰하면 생각 과잉에서 벗어날 수 있게 된다.

통제 가능한 것을
구분하라

어니젤린스키는 그의 저서 〈모르고 사는 즐거움〉에서 사람들은 자신의 인생에서 96퍼센트의 쓸데없는 걱정을 하면서 시간을 보낸다고 말했다. 그 걱정들을 파헤치면 다음과 같다. 절대 일어나지 않을 일에 대한 걱정(40%), 이미 지나간 과거의 일에 대한 걱정(30%), 일어나봤자 별 영향이 없는 사소한 일에 대한 걱정(22%), 천재지변 등 우리가 어쩔 수 없는 것에 대한 걱정(4%), 실제로 걱정하며 해결해야 할 일(4%) 등이다.

우리가 살면서 경험하는 사건들은 우리가 통제할 수 있는 것과 통제하지 못하는 것이 있다. 사실, 우리는 살면서 통제할 수 있는 것보다 통제하지 못하는 것이 압도적으로 많다. 통제할 수 있는 사건과 통제 불가능한 사건을 구분하게 되면 통제할 수 있는 사건을 중심으로 자신의 생각을 집중할 수 있게 된다. 어차피 생각을 해야만 한다면 해결책을 찾아서 행동할 수 있는 사건에 집중하는 것이다.

처음부터 머릿속에서 통제 가능한 것과 불가능한 것을 구분하는 것은 쉬운 일이 아니다. 이것도 연습이 필요하다. 자신의 머릿속에서 떠오르는 생각을 메모지에 적어보는 것이 첫 번째이다. 자신의 생각을 모두 나열하다 보면 스스로 글로 옮겨 적기 부끄러운 생각도 있고, 글로 옮겨 보니 불필요한 생각도 있다는 것을 알게 된다. 단어가 되건 문장이 되건 글로 옮겨 적는 사이에 머릿속에서 한 번 정리가 된다.

두 번째는 행동을 통해서 실행할 수 있는 통제 가능한 사건에는 O를 체크하고, 통제 불가능한 사건은 X를 체크하는 것이다. 아마 통제 가능한 사건보다 불가능한 사건인 X표시가 되는 생각들이 훨씬 많을 것이다. 지극히 정상이다. 우리가 경험하는 사건들 중에서 우리 스스로 통제할 수 없는 사건들에 대해 고민했다는 사실을 깨닫는 것만으로도 충분하다.

세 번째는 통제할 수 있는 사건 가운데 문제를 해결하기 위해서 어떤 전략을 통해 어떤 행동을 해야 할지를 선택하는 것이다. 혼자서 대안을 제시하는 글을 추가로 적어 놓자. 생각이 넘치는 사람들은 대부분 대안을 한 개 혹은 두 개만 머릿속에서 피상적으로 생각한다. 하지만 글로 적다보면 문제를 해결하는 방법에 대해서 여러 대안을 쓸 수 있게 된다.

1. 머릿속의 생각들을 모두 나열하라.

2. 통제 가능한 것을 O로, 통제 불가능한 것을 X로 체크하라.

3. 통제 가능한 사건의 해결안을 적어보라.

생각을 통제하는 것은 어렵지만 충분히 할 수 있는 일이다. 무작정 '잘 될 거야'라고 생각하는 것은 사건을 적극적으로 다루지 않는 회피의 한 방법이다. 그저 긍정적으로 생각한다고 해서 자신이 하는 생각과 고민들이 해결되는 것은 아니기 때문이다.

훈련을 통해서 스스로 생각을 통제할 수 있다. 2013년 과학 잡지 커런트 바이올로지에서 인간의 뇌 속 생각을 촬영했다는 발표가 있었다. 뇌의 뉴런이 생각과 직접적인 관련이 있다는 것이다. 우리의 생각과 기억은 뇌의 시냅스 회로의 연결이고 연결들이 결합하여 활성화된다. 각각의 뉴런들과 시냅스의 연결망이 기억과 지식과 같은 회로로 형성된다는 해석이다. 반복적으로 듣게 되는 말이나 반복적으로 하는 생각은 시냅스의 새로운 회로를 만들어내고, 회로가 감정과 결합하여 기억을 만들고 사고방식을 만들어낸다. 뇌의 회로들은 자주 사용하면 활성화되고 자주 사용하지 않으면 느슨해져서 기억이 사라진다. 생각과 동시에 뉴런이 움직이고 뉴런은 또 하나의 회로를 만들어낸다. 이것을 신경 가소성이라고 부른다. 이런 과정을 통해서 누구라도 생각을 통제할 수 있게 된다.

'통제할 수 있는 것'과 '통제할 수 없는 것'을 구분하는 것은 매우 중요하다. 구분을 하고 나면 통제할 수 없는 것은 있는 그대로 받아들이고, 통제할 수 있는 것은 스스로 노력하면 된다. 요즘 같이 사회가 빠르게 바뀔 때는 바로 대응해서 대처하기가 어려울 때가 많다. 어떤 사람들은 불경기라서 매출이 오르지 않는다거나 영업이 되지 않는다고 상황 탓을 하기도 한다. 상황이 안 좋은 것은 맞지만 불경기에도 잘되는 곳은 반드시 있기 마련이다. 불경기라는 환경은 통제할 수 없지만, 지금보다 더 나은 매출을 위해서 할 수 있는 것에 집중을 했기 때문이다.

무엇을
선택할 것인가

스님이 여행을 하고 있었다. 다음 마을로 가는 중에 지나가는 여행객을 만났다. 그러자 여행객이 스님에게 물었다.

"지금 스님께서 가시는 마을이 어떤지 아십니까?"

그러자 스님이 여행객에게 물었다.

"산중에서 어떤 경험을 했습니까?"

"아주 끔찍했지요."

여행객이 대답했다.

"솔직히 그곳을 지나온 것이 너무나 기쁘고 홀가분합니다. 마을 사람들은 대부분 불친절했고, 처음 도착했을 때에도 다들 냉담했습니다. 마을 사람들은 자기 일에만 몰두하지 타지인에게는 친절하지 않더군요. 아무리 노력해도 그 마을 사람들에 대해서 알 수 없었습니다. 스님이 지나오신 그 골짜기 마을은 어땠습니까?"

스님이 대답했다.

"미안하지만 그 곳에서도 같은 경험을 하게 될 것 같습니다."

여행객은 낙심한 듯한 표정으로 걷기 시작했다.

스님은 곧 다른 여행객을 만나게 되었다. 여행객이 스님에게 인사를 하면서 물었다.

"저는 골짜기 마을로 가고 있습니다. 그곳이 어떤지 아시나요?

스님이 대답했다.

"알고 있지요. 그런데 어디에서 오시는 길인가요?"

"산에 있는 마을에서 왔습니다."

"그곳은 어땠습니까?"

스님이 질문했다. 그러자 여행객이 대답했다.

"아주 멋진 곳이었습니다. 시간만 괜찮았다면 더 있었을 테지만, 갈

길이 멀어서 어쩔 수 없이 출발했습니다. 그곳에서 가족을 만난 기분이었습니다. 어르신들이 충고도 많이 해주셨고 아이들은 저를 많이 따랐습니다. 마을 분들 대부분 친절하고 잘 해주셨습니다. 떠나온 것이 아쉽습니다. 저에게 아주 특별한 기억이 될 것 같습니다. 골짜기 마을은 어떻습니까?"

스님이 대답했다.

"내 생각에는 그곳도 똑같을 것입니다. 좋은 여행 되세요!"

"감사합니다. 스님."

여행객은 미소를 지으며 인사를 하고 여행을 계속했다.

자신에게 주어진 조건과 환경(Activating Events)을 어떻게 판단(Belief)했느냐에 따라서 결과(Consequences)가 달라진다. 이것이 사회심리학자 앨버트 엘리스(Albert Ellis)가 주창한 ABC이론이라고 한다. ABC이론이란 사람들이 겪는 스트레스나 분노와 같은 문제가 그 사람이 겪는 사건들이 원인이 아니라 그 사건을 어떻게 받아들이느냐에 따라서 달라진다는 것이다. 객관적인 상황이 완벽하더라도 상황을 해석하는 개인의 신념, 사고방식, 가정, 태도, 가치관이 왜곡되면 상황에 맞는 행동과 표현을 하기 어렵다.

법륜스님은 희망 편지에서 '꽃을 보고 좋아하면 꽃이 아닌 내가 기분이 좋고, 상대를 좋아하면 내가 기분이 좋아지며, 행복과 불행도 나 스스로가 만드는 것'이라 말했다. 우리가 어떤 시선으로 꽃을 보는지에 따라서 꽃을 보고 기분이 좋을 수도 있지만, 꽃이 있어서 되는 일이 없다고 말을 할 수도 있는 것이다. 꽃이라는 대상은 세상의 어떤 사람이 봐도 꽃이다. 하지만 '그 꽃을 어떻게 보는가'는 사람에 따라서 달라진다. 이는 자연의 이치인데도 우리가 그걸 깨닫기까지는 시간이 걸리는 것 같다. 어떤 사람에게 장미꽃은 사랑을 고백하는 꽃일 것이고, 어떤 사람에게는 이별을 의미하는 꽃일 수 있다. 이처럼 자신의 성향과 경험, 사고방식과 가치관이 그 시선 안에 들어 있는 것이다.

159

4

자신의
성격에서
발견하는
예민함

누구나
예민한 부분이 있다

예민한 부분이
전혀 없는 사람은 없다

중년 여성이 장성한 자녀들에 대해서 말을 한다. 첫째는 너무나 예민해서 어렸을 때부터 참 고생을 많이 했다고 한다. 그런데 둘째는 오히려 둔한 편이라고 한다. 신기한 점은 둔하다고 해서 모든 면에서 둔한 것이 아니라 예민하게 구는 구석이 한 가지는 꼭 있다는 것이다.

언젠가부터 둘째가 피규어를 수집하는 취미를 갖기 시작했다. 어릴 때부터 무언가를 수집하는 것을 많이 봐왔기 때문에, 이번에도 수집을 하다가 말겠지 하고 대수롭지 않게 생각했다. 둘째 방에 들어가서 청소를 하던 중에 책장에 놓여 있던 피규어가 떨어지려고 하는 것을, 간신히 잡아서 다시 올려놓는 과정에서 무언가 약간 떨어져나갔다. 그날 저녁, 둔하다고 생각했던 아들이 방에 들어왔었느냐고 물어보는 것이다. 그러면서 자신이 모으는 피규어가 망가졌는데, 혹시 엄마가 청소하면서 떨어트렸냐고 물었다. 어릴 때부터 봐왔던 아들이라면 그 정도는 보지 못할 정도로 둔하다고 생각했는데, 단번에 알아보는 것을 보고 깜짝 놀랐다고 한다.

사회생활을 하다보면 이런 경우가 종종 있다. 둔감하다고 생각했던 사람이 어떤 것에는 매우 예민하게 반응하는 것이다. 사람은 태어나면서 누구나 성격을 갖고 태어난다. 성격이란 한 사람의 독특하고 반복적인 생각과 감정과 행동패턴을 말한다. 성격에 따라서 사람마다 예민하게 받아들이는 것이 있다. 즉, 누구나 예민한 부분은 반드시 갖고 있다. 뇌과학에서도 성격은 뇌의 구조로 만들어진다고 설명하는데, 인간의 대뇌에는 전두엽, 두정엽, 측두엽, 후두엽이 있다. 이 네 가지의 엽 가운데 어느 것이 더 발달했는지에 따라서 성격 형성이 달라진다는 것이다. 그래서 '세 살 버릇 여든까지 간다'는 것은 인간의 뇌가 세 살 때쯤 거의 완성되기 때문이다. 이렇게 완성된 뇌의 구조가 인간의 삶에 영향을 미치게 된다. 호흡이나 배설과 같은 단순 작용만 완성되는 것이 아니라, 세상을 바라보는 태도와 같이 삶의 동기가 되는 기본적인 것도 만들어진다. 성격이 만들어지면서 삶에서 어떤 동기로 삶을 살아가고 있고, 그 동기로 인하여 어떤 행동을 하게 되는지가 결정된다.

성격적으로 예민하다는 것은 타고난 성격에서 만들어진 삶의 동기와 관련한 정보를 무의식적으로 느끼고 분석하고 판단하는 능력이 빠르고 뛰어나다는 것을 말한다. 누구나 태어나면서 만들어진 성격의 구조가 있기 때문에 예민한 부분이 전혀 없는 사람은 없다.

성격에서 찾는 예민함

"참, 예민한 성격이야!"

스스로 성격이 예민하다는 말을 하는 사람들이 있다. 자신의 성격이 예민하기 때문에 남들에게는 아무것도 아닌 것도 자신은 너무 신경이 쓰인다고 한다. 자신의 성격 상 상대방의 행동이나 상황을 이해하기 어렵다고 말하는 사람들은, 스스로 자신의 성격이 예민하다고 말한다. 우리의 예민함이 성격에서부터 시작한 것이라면 자신의 성격을 먼저 파악하는 것이 중요하다. 다음의 글을 읽고 자기 스스로의 모습이라고 생각하는 것을 세 가지 중에서 한 가지만 골라보자.

A. 나는 비교적 독립적이고 자기주장을 잘한다

나는 상황에 정면으로 맞설 때 삶이 잘 풀린다고 느낀다. 나는 목표를 설정하고 목표대로 일을 추진해나가고, 추진한 일이 성공하길 원한다. 나는 가만히 앉아 있는 것을 좋아하지 않는다. 나는 큰일을 성취하고 영향력을 행사하기를 원한다. 나는 정면대결을 원하지는 않지만 사람들이 나를 통제하는 것도 좋아하지 않는다. 대부분의 경우 나는 내가 원하는 것을 잘 알고 있다. 나는 일도 열심히 하지만, 노는 것도 열심히 한다.

B. 나는 조용하며 혼자 있는 것을 좋아한다

나는 사회적인 활동에 주의를 쏟지 않으며 대부분 내 주장을 강하게 하지 않는 편이다. 나는 앞에 나서는 것을 좋아하지 않는다. 다른 사람과 경쟁하는 것도 그리 좋아하지 않는다. 사람들은 나를 몽상가라고 말한다. 나의 상상의 세계 안에서는 많은 흥미로운 일들이 벌어진다. 나는 적극적이고 활동적이라기보다는 조용한 성격이다.

C. 나는 아주 책임감이 강하고 헌신적이다

나는 내 의무를 다하지 못할 때 아주 기분이 나쁘다. 나는 사람들이 필요할 때 그들을 위해 내가 그 자리에 있다는 것을 알아주었으면 좋겠다. 나는 그들을 위해 최선을 다할 것이다. 이따금씩 나는 사람들을 위하여 그들이 알아주든, 그렇지 않든 간에 큰 희생을 한다. 나는 내 자신을 제대로 돌보지 않는다. 나는 해야 할 일을 한 다음에 시간이 난다면 휴식을 취하거나 내가 원하는 일을 한다.

첫 번째 문항인 A · B · C에서 한 가지를 선택했다면 두 번째 문항 가운데 선택을 해보라. X · Y · Z 중에서 자신의 모습이라고 생각하는 문항을 선택하라.

X. 나는 세상을 대개 긍정적으로 보고, 모든 일이 나에게 유리한 쪽으로 풀린다고 느낀다
나는 나의 열정을 쏟을 수 있는 여러 가지 방법들을 찾는다. 나는 사람들이 행복해지도록 돕는 것을 좋아한다. 나는 나와 마찬가지로 다른 사람들도 잘 지내기를 바란다. 항상 기분이 좋은 것은 아니지만 적어도 다른 사람들이 볼 때 기분 좋아 보였으면 좋겠다. 나는 항상 다른 사람들이 나를 볼 때 긍정적으로 보기를 원하기 때문에 나의 스트레스나 부정적인 문제를 드러내기 싫어한다.

Y. 나는 어떤 것에 대해 강한 감정을 갖는다
대부분의 사람들은 내가 모든 것에 대해 불만을 갖고 있다고 생각한다. 나는 사람들 앞에서 내 감정을 억제하지만 남들이 보는 것보다 더 민감하다. 나는 사람들과 함께 있을 때 그들이 어떤 사람인지, 무엇을 기대할 수 있는지를 알고 싶다. 내가 어떤 일에 화가 났을 때, 나는 사람들이 그것에 대해 반응하고 나만큼 그 일을 해결하려고 노력해주기를 원한다. 나는 사람들이 내게 무엇을 하라고 지시하는 것을 좋아하지 않는다. 나는 내 스스로 결정하기를 원한다.

Z. 나는 스스로를 잘 통제하고 논리적이다

나는 내 감정과 느낌을 다루는 것을 편안해하지 않는다. 나는 효율적이고 완벽하게 일을 처리하며, 혼자 일하는 것을 좋아한다. 개인적인 갈등이나 문제가 있을 때 나는 그 상황에 감정이 끼어들지 않도록 한다. 어떤 사람들은 내가 너무 차고 초연하다고 말하지만, 나는 감정적인 반응 때문에 중요한 일을 그르치고 싶지 않다. 사람들이 나를 화나게 할 때 대부분의 경우 나는 반응을 보이지 않는다.

첫 번째 질문인 A · B · C에서 선택한 것과 X · Y · Z 가운데 하나를 조합한다. 예를 들어 A와 X를 선택했다면 AX유형이 된다.[1]

---

1 이러한 성격유형은 도서 〈에니어그램의 지혜(돈 리처드 리소, 러스 허드슨 지음, 주혜명 옮김, 한문화)〉를 인용했음을 밝힌다.

즐겁고 재미있지 않다면 예민해져! : AX 유형

끊임없이 새로움을 추구하는 유형

악마에게 이름이 있다면 그것은 '단조로움'입니다.

- 로버트 이. 리(Rovert E. Lee)

두 개의 악 중에서 하나를 선택해야 한다면, 나는 이전에 경험해보지 않은 것을 선택할 것입니다.

- 메이 웨스트(Mae West)

대학생인 미주 씨는 방학이 되자 재미있게 방학을 보낼 계획을 세웠다. 그리고 집 근처가 아닌 다른 지역에서 하는 여름 캠프 강사로 등록을 했다. 수영도 잘하고 댄스 스포츠도 가르칠 수 있다고 말하고 합격을 한 후, 아이들을 가르치기 위해 더욱 적극적으로 수영과 댄스 스포츠를 배우기 시작했다. 그리고 그해 여름 캠프의 최고 인기강사가 되었다.

호기심이 많고 즐거운 것을 추구하기 때문에 재미있는 일을 찾아서 하려고 한다. 새로운 아이디어나 새로운 사람, 새로운 경험이 중요하기 때문에 계획을 많이 세운다. 새로운 사람과 금방 친해지고 유머감각이 있어서 사람들이 좋아하고, 분위기메이커라는 말을 많이 듣는다.

금방 친해지는 만큼 인맥의 끝을 알 수가 없을 정도로 발이 넓고, 주변에 사람이 많다. 어느 지역을 가든지 아는 사람이 있고, 언제 어디서든 만날 사람들이 있다. 하지만 진심으로 마음을 나누는 친구는 많지 않다. 언제나 풍요 속의 빈곤을 느끼고 외로움을 느낀다. 혹시라도 불쾌한 상황이 생기면 웃으면서 농담처럼 하고 싶은 말을 다 하기 때문에, 가끔 상대방을 자극하기도 하지만 유쾌하게 말을 해서 큰 문제없이 넘어간다.

가장 중요하게 생각하는 것이 바로 '즐겁고 재미있는가'이다. 일도 재미있고 즐겁게 하는 것이 중요하기 때문에 새로운 일을 계속 찾는다. 생각이 끊임없이 움직이기 때문에 한 가지 일을 끝까지 해내지 못하는 것처럼 보이기도 한다. 하지만 호기심으로 한 번씩 해본 것들만으로 상당한 지식을 습득한다. 자신이 참석하지 않은 회의의 내용을 한 번 훑어보기만 해도, 자신이 모든 것을 잘 알고 있다고 말한다.

재미있는 삶 속의
예민함

가장 예민하게 구는 상황이 바로 압박감을 느끼거나 스트레스를 받는 상황이다. 무겁고 진지한 상황이나 반복적으로 같은 일을 하는 상황을 견디기 어려워한다. 특히 자신이 선택할 수 있는 것이 별로 없는 상태에서 그냥 받아들여야만 한다면, 그냥 전화를 꺼놓고 피하고 싶은 마음이 간절해진다. 압박감을 느끼거나 스트레스를 받는 상황에서 어떻게 하면 이 스트레스를 피할 수 있는지가 아주 중요하다.

예민해지면 고집을 피우거나 방어적인 행동을 하고 충동적으로 행동을 하기도 한다. 팀의 상황과 상관없이 하기 싫은 프로젝트를 최대한 피하려고 상사나 팀원을 설득해서 다른 업무로 바꾸고 만다. 새로운 아이디어나 새로운 사람, 새로운 경험이 재미있는 자극을 주기 때문에 언제나 자신이 선택할 수 있는 재미있는 다른 대안을 선택할 수 있는 자유를 원한다.

삶에서 선택할 수 있는 것들이 무한하다고 생각하고 있기 때문에, 그 무한한 것들 중에서 스스로 선택하기를 원한다. 선택할 수 있는 선택지가 없다고 생각이 되면 갑갑함을 느끼고 불안해진다. 재미있는 일을 하려고 선택했더라도, 만약 그것을 못하게 되면 그것을 대체할 수 있는 다른 대안을 찾으려 한다.

생각의 홍수에
파묻히다

생각이 너무 많아서 긍정적으로 활용을 할 때는 아이디어가 쉴 없이 나오지만, 어떨 때는 머릿속이 정리되지 않은 채 하루 종일 생각만 하고 계획만 세운다. 계획을 세우더라도 충동적으로 다른 일을 하는 경우가 많다. 생각이 많기 때문에 다른 사람의 사소한 행동이나 표정을 두고두고 떠올리면서 밤에 밤잠을 설치는 일이 많다. 그 사람과 관련된 일들이 동시다발적으로 생각이 나기 때문에 더 많은 생각이 이어진다. 연쇄적으로 과거에 있었던 사건들이 생각나면서 계속해서 생각의 생각이 꼬리를 물면서 밤새 잠을 못 잔다.

• 관심이 끊임없이 바뀐다

생각이 빠르게 옮겨가기 때문에 자신이 처음에 했던 생각에서 다른 생각으로 빨리 바뀌고, 계획이나 아이디어 역시 빠르게 옮겨간다. 이렇게 생각이 재빠르게 움직이기 때문에 전혀 연관성이 없어 보이는, 전혀 다른 생각으로 생각을 연결 짓는 것에 능하다. 새로운 아이디어가 굉장히 많이 나오기에 집중이 잘 되지 않고, 한 가지 일을 끝까지 끝마치지 못한다. 다른 사건이나 사고, 사람에게 관심을 빠르게 옮겨가면서 일이 지연될 수 있다.

• 농담이 발목 잡다

생각을 멈추는 것을 못하는 것뿐만 아니라 말을 하고도 금방 잊어버리기 때문에 인간관계에서 실수로 이어지기도 한다. 자신도 모르는 사이에 말을 옮겨서 팀 내에서 갈등을 만들기도 한다. 재미있고 즐거운 것을 추구하기 때문에 재미있는 말과 농담을 많이 한다. 재미있게 시간을 보내기 위해서 깊이 생각하지 않고 한 농담들이 말을 옮기는 원인이 된다. 농담으로 한 말이긴 하지만 다른 사람의 치부를 드러내거나 둘만의 비밀 이야기를 실수로 전달하기도 한다.

• 예민함을 피하기 위한 긍정

예민함을 느끼면 스스로 고통스럽게 받아들이기 때문에 이를 피하려고 한다. 고통을 피하는 방법으로 좀 더 재미있는 경험을 하려고한다. 매번 즐겁고 재미있는 경험을 추구하기에 같은 사건을 다른관점으로 볼 수 있다. 그래서 스트레스 받는 상황을 재미있게 만들기도 한다. 최악의 상황이라고 할지라도 진지한 상황을 재미나 유머로 승화시킨다. 아무리 안 좋은 상황이라도 다른 관점에서 사건을 바라보면서 재미있는 상황으로 바꿔놓지만, 상황의 심각성을 제대로 인지하지 못하는 경우도 있다.

• 어려운 상황에서도 언제나 긍정적이다

고통스럽고 힘든 상황이 닥쳐도 잘 해결될 것이라고 생각한다. 어려운 상황이라고 해도 그 상황에 대해서 해석을 다시 하고 생각을통해서 재구성하기 때문에, 나쁜 상황도 낙천적으로 받아들인다.인생에서 어려운 시기가 닥쳐도 곧 해결될 것이라고 생각하기 때문에 항상 긍정적으로 행동한다. 매순간을 즐겁게 보낼 수 있는 이유는 자신의 경험을 재미있게 재구성하는 능력이 있기 때문이다. 사소한 사건들과 안 좋은 경험이 있더라도, 재구성하는 능력을 사용해서 상황을 낙천적이고 긍정적으로 해석한다.

무시당하거나 약한 면을 들키면 예민해져! : AY 유형

: 도전정신과
: 리더십이 강한 유형

힘으로 해결할 수 있는 일을 말로 해결하지 마십시오.

-브루스 페어스타인(Bruce Feirstein)

내 어릴 적 꿈은 책임자가 되는 것이었습니다.

-윌마 보트(Wilma Vaught)

174

영우 씨는 야구 모임에 가입을 했다. 모임이 생긴 지 얼마 안 돼서 체계적인 느낌이 들지 않았다. 그래서 무언가 부족하다는 느낌이 들 때마다 적극적으로 의견을 표현했다. 간혹 제대로 알지 못하고 모임을 운영한다고 느껴질 때마다 방법을 알려주다 보니 어느 순간 자신이 모임을 주도하기 시작했고, 모임을 대표해서 운영하는 사람이 되어 있었다.

이 유형은 도전정신이 강하고 리더십이 있다. 자기 스스로 도전하는 것도 좋아하지만 다른 사람들이 도전할 수 있게 격려하고, 일을 해낼 수 있게 하는 것도 좋아한다. 사람들을 설득해서 조직을 이끌어 나갈 수 있는 능력과 카리스마를 갖고 있다. 자신이 하고 있는 일을 스스로 통제하여 모든 일이 이뤄지길 원하기 때문에, 팀원에 많은 영향력을 행사한다.

독립적이고 다른 사람에게 의존하는 것을 매우 싫어한다. 다른 사람의 의견에 의해서 움직이는 것을 좋아하지 않기 때문에 자신의 주관과 의지대로 일을 추진해 나간다. 가장 중요하게 생각하는 것이 바로 '자신이 속해 있는 조직이 효과적으로 잘 통제되고 있는가'이다.

자신이 속해 있는 모임이나 팀, 조직의 팀원들을 보호하는 것을 중요하게 생각하는데, 자신이 사랑하는 사람들을 보호하는 데에 자신이 갖고 있는 에너지를 모두 사용한다. 아주 근면하지만 사람들과 사교적으로 만나거나 많은 교류를 하지 않기 때문에 가까운 사람들이 불만을 갖기도 한다.

태도는 당당하지만 마음에 상처를 받으면 상대와 멀어지려고 한다. 멀어지면서 자기 스스로를 방어하는 것이다. 자신의 연약한 모습을 감추고 싶어 하기 때문에 행동은 강한 모습을 많이 보여준다. 그래서 다른 사람들이 볼 때 매우 강하다고 생각한다.

강한 리더십 속의
예민함

자신의 권위나 자존심이 무시당하게 되면 예민하게 반응한다. 자신의 약한 면을 다른 사람들에게 보이는 것도 싫어하지만 들키는 것도 싫어한다. 자신의 연약한 부분을 드러내게 되는 순간, 무력감을 느끼거나 불같이 화가 나서 다른 사람에게 큰소리를 치고 상대방을 몰아세우는 방식으로 표현을 한다.

독립성을 중요하게 여기기에 이를 잃지 않으려고 한다. 다른 사람에게 도움을 요청하는 것은 거의 불가능하다고 느낀다. 이런 성향의 사람들은 다른 사람 밑에서 일하는 것을 좋아하지 않는다. 스스로 진취적인 활동을 이어나가면서 프로젝트를 기획하고 밀고 나간다. 자신의 안전과 행복을 유지하기 위하여 자신이 계속 상황을 통제해야 한다고 생각한다.

• 상황을 통제하려고 한다

모든 상황이나 사건을 자신의 통제 하에 놓기를 원한다. 자신이 있는 조직에 다른 사람이 힘을 행사하거나 통제하려고 하면 민감하게 반응한다. 특히 힘과 영향력을 효과적으로 사용하는 사람들을 존경하고, 권위를 남용하거나 통제권을 제대로 사용하지 않는 사람들에 대해서는 본능적으로 부정적인 반응을 보인다. 상황이나 사건이 혼란스럽거나 방향을 잃었을 때, 빨리 알아차릴 수 있으며 상대가 옳은 방향으로 해결해나갈 수 있도록 유도한다.

• 받은 대로 되돌려주는 복수심이 있다

자기 스스로를 주장이 강하고 대담한 사람이라고 여긴다. 자신이 갖고 있는 정의감을 통해 약한 사람을 보호하고, 정의를 되찾고, 잘못된 것을 바로잡으려 한다. 그러나 다른 사람이 볼 때는 다른 사람에게 복수하려는 것으로 보일 때가 있다. 자신의 대담함이나 힘, 상황을 통제하려는 태도가 다른 사람에게는 위협으로 느껴진다는 것을 이해하기가 어렵다.

- 보이지 않는 순수한 면이 있다

세상에는 강한 사람과 약한 사람, 두 부류의 사람이 있다고 생각한다. 자신은 그 중에서 강한 사람이라고 생각한다. 겉모습은 강하지만 내면에는 약하고 순진한 면이 있다. 하지만 다른 사람에게 약하고 순수한 면은 보이고 싶어 하지 않는다. 그러나 자신이 신뢰하고 존경하는 사람들에게는 이런 순수하고 섬세한 면을 그대로 보여주기도 한다.

- 정의감이 있어서 약한 사람을 보호하려고 한다

정직한 것을 중요하게 생각하고, 다른 사람들이 자신의 행동에 책임지기를 기대한다. 특히 권위를 가졌거나 힘을 가진 사람은 공정하고 정당한 통제력을 행사해야 한다고 생각한다. 자신이 마음먹은 일을 단호하게 밀고 나가지만, 자신의 책임 아래에 있는 사람들의 이해를 최대한 구하려고 노력한다.

인정과 존경을 받지 못하면 예민해져!
: AZ 유형

꾸준히 목표를 추구하고
성취하는 유형

일찍 자고 일찍 일어나십시오. 죽도록 일하십시오. 그리고
사람들에게 자신을 알리십시오.

-로렌스 J. 피터(Laurence J. Peter)

대중 연설만큼 성공을 보여줄 수 있는 것은 없습니다.

-프랜 레보위츠(Fran Lebowitz)

팀 프로젝트에서 이번에도 은영 씨가 발표를 했다. 팀에서 회의를 하거나 발표를 해야 할 때에는 은영 씨가 발표를 하도록 주변에서 시키기도 하지만 스스로도 자신이 발표하려고 한다. 회사에서 눈에 띄게 성과를 내는 것도 좋지만, 회의 때 발표를 하게 되면 다른 팀원에게 눈도장을 찍기도 좋기 때문이다. 회사에서 일 잘하기로 소문이 나 있고, 사내에서도 얼굴이 많이 알려져 있다.

어제보다 나은 내일을 추구하고 작년보다 더 높은 목표를 성취하길 바란다. 그래서 삶의 많은 영역에서 성취를 이루고 있고, 사람들로부터 존경을 받는다. 자신의 부족한 부분이 어떤 부분인지 알고 자신의 능력을 어떻게 사용해야 하는지를 안다. 사람들을 격려해서 팀원들이 스스로가 생각하는 것보다 더 많은 능력을 끌어내기도 한다. 자신의 능력에 대해서는 스스로 아주 높은 신뢰를 갖고 있다. 자신의 재능과 능력을 스스로 개발할 줄 알고, 사회적으로 지지하는 좋은 자질을 자신의 것으로 만들 수 있기 때문에 모범이 되는 역할을 한다. 자신을 어떻게 발전시켜야 하는지 알고 있고, 다른 사람들이 스스로의 발전에 투자할 수 있게 돕기도 한다.

목표 지향적이 되기 쉽고 주변의 사람들에게서 주의를 끌고 칭찬을 받거나, 주목을 받는 것에 노력을 기울인다. 동료들 사이에서도 자신이

가장 뛰어나 보이기 위해 에너지를 쏟는다. 사람들에게 매력적으로 보일 수 있는 것을 찾아서 개발하기도 한다.

자신의 지금 모습보다 더 나은 모습을 항상 추구하기 때문에, 목표를 설정하고 목표를 이루기 위해서 자신의 시간과 일, 개인의 시간을 관리한다. 다른 사람의 존경과 인정을 중요하게 생각하기에 목표를 성취하고 성공하기 위해서 주도적으로 삶을 관리한다.

성취하는 사람들의
예민함

오늘보다 더 나은 내일을 만드는 것을 중요하게 생각한다. 가장 중요하게 여기는 것이 바로 '다른 사람의 인정과 존경을 얻을 수 있을까?'이다. 자기 노력의 결과와 성과를 인정받지 못하는 상황을 가장 싫어한다. 그래서 실패를 두려워하고 다른 사람들이 자신의 노력을 무시하고 아무 것도 아닌 것이라고 취급할 때 예민하게 반응한다. 다른 사람의 존경과 인정을 얻기 위해서 자신의 목표를 설정하고 끊임없이 성공한 사람이 되려고 애쓴다.

- 이미지를 관리한다

다른 사람에게 긍정적인 이미지, 자신감 있는 이미지, 성공 이미지를 주려고 노력한다. 그래서 자신이 속해 있는 모임이나 회사에 맞는 이미지를 갖기 위해서 노력한다. 모임에 참석한 사람 중에서 가장 뛰어난 모습을 보이고 싶어 한다.

- 목표를 업그레이드한다

계속해서 목표를 달성해 나가고, 달성하고 나면 바로 다음 목표를 세워서 또 실행을 한다. 만약 그 사이에 실패를 하거나 장애가 나타나면, 다른 목표로 세워서 문제를 해결하고 그것을 거름 삼아서 다시 목표를 성공시키는 데 활용한다. 목표 중심적이기 때문에 자신의 감정이나 다른 사람의 감정을 느낄 겨를도 없이 일을 진행해 나간다. 특히 일을 성공시키기 위해서 개인적인 감정이나 상황은 중요하게 생각하지 않는다.

- 일의 성공은 자존감이다

자신의 일을 성공적으로 하는 것이 자신의 자존감을 높이는 일로 생각하기 때문에 일을 하는 것과 일을 성공적으로 끝내는 것을 좋아한다. 자신이 무엇을 성취했는지에 따라 자신의 가치가 매겨진다고 믿는다.

- 실패를 교훈 삼는다

성공을 추구하기 때문에 실패를 인정하지 않는다. 자신이 성공할 수 있을 만한 가능성이 있는 일을 중심으로 선택하기 때문에 실패를 하는 경우가 거의 없다. 하지만 행여 실패를 하게 된다면 진짜 실패했다고 생각하지 않고, 이를 통해 교훈을 얻었기 때문에 많이 배울 수 있었던 사건이라고 생각한다.

사람들 간에 갈등이 생기면 예민해져!
: BX 유형

언제나 조화로움을
추구하는 유형

우리는 서로 밀접한 관계를 맺으며 살아갑니다.

우리 삶의 가장 중요한 목적은 다른 사람을 돕는 것입니다.

도울 수 없다면 적어도 상처는 주지 말아야 합니다.

-달라이 라마(Dalai Lama)

김 과장은 지금까지 살아오면서 어느 누구와도 싸우거나 갈등을 일으켜본 기억이 없다. 혹시라도 주변에서 갈등이 있으면 자신이 나서서 갈등을 중재해주기 때문에 사람들이 자신에게 도움을 많이 요청한다. 회사 내에서도 갈등을 해결하는 해결사 역할을 자처한다. 물론 드러내놓고 갈등 해결사 역할을 하는 것은 아니지만, 알게 모르게 자신에게 중재를 해달라고 하기에 도움을 주려고 노력한다. 그래서 사람 좋다는 말을 자주 듣기도 한다. 주변에 사람도 많고, 직장에서도 좋아하는 사람이 많다.

다른 사람들과의 갈등을 싫어하기 때문에 싸우는 모습을 보거나 갈등이 있는 사람들이 주변에 있는 것을 싫어한다. 서로 조화롭게 긍정적인 관계가 되기를 바란다. 본인이 싫어하는 것에 대해서도 표현하지 않기 때문에, 주변에서는 자신이 싫어하는 것을 잘 모른다. 회사에서도 조화와 평화를 추구할 뿐만 아니라, 자기 마음의 평화도 추구한다. 다양한 성향을 가진 사람들을 모두 포용할 수 있는 포용력을 갖고 있다. 조직에서도 자연스럽게 녹아들기 때문에 눈에 띄지는 않지만, 언제나 다른 사람들의 입장을 이해해줘서 사람들이 편안하게 생각한다.

평화주의자의
예민함

주변에서 싸우는 사람들을 보거나 갈등이 있는 사람들이 있으면 화해시켜주기 때문에 문제가 생기면 해결사로서의 역할을 할 때가 종종 있다. 가장 중요하게 생각하는 것이 바로 '나의 의견을 포함해서 모든 사람의 의견이 조화롭게 반영되고 있는가?'이다. 가장 싫은 상황은 모든 사람의 의견을 조화롭게 반영하는 것이 아니라 한 사람의 의견으로 상황을 이끌어 나가는 것이다.

갈등이 생기는 순간을 싫어하기 때문에, 그러한 때에 예민하게 반응한다. 건강하게 상황을 개선하기 위해서는 자신의 의견을 표현해서 자신이 원하는 것을 의사결정에 반영하도록 하는 것이지만, 갈등을 피하기 위해서 자신의 의견을 표현하지 않고, 부탁도 잘 거절하지 않는다. 평화, 조화로움 등 주변 사람과의 긍정적인 상호 존중을 추구하기에 사람 사이의 갈등이나 긴장, 악의에 대해서도 거부감을 갖고 예민하게 반응한다.

• 갈등회피
가능하다면 갈등은 피하려 하고, 자기주장을 잘 하지 않는다. 자신이 원하는 것보다는 다른 사람의 욕구를 우선으로 생각하여 인간관계에 있어서도 상대방이 원하는 것을 많이 하도록 한다. 어떤 음식을 먹을 것인지, 어떤 영화를 볼 것인지, 어떤 물건을 살 것인지에 대해 자신의 의견을 주장하는 것을 어려워한다.

• 중요한 일은 미룬다

중요한 일을 결정할 때, 일상적인 일에 몰두하고 중요한 일은 미루는 경향이 있다. 자신이 결정내리기 어려운 문제가 있으면, 문제에 집중하는 것이 아니라 게임을 하거나 TV를 보는 등 전혀 중요하지 않은 일상적인 일들을 하며 시간을 보낸다.

• 조직 내 화합을 중요시 생각한다

항상 느긋하고 편안하게 이완되어 있다. 사람들과 어울리기를 좋아하며, 주변 사람과의 관계에서나 그룹 안에서 친밀감이 있을 때 가장 만족감을 느낀다.

다른 사람의
특별함을 발견하면 예민해져!
: BY유형

: 남들과 다른
: 특별함을 추구하는 유형

인간의 영혼 안에는 활활 타오르는 화로가 있습니다.

그러나 그 곁에 앉아본 사람은 없습니다.

-빈센트 반 고흐(Vincent van Gogh)

디자이너인 지은 씨는 언제나 뛰어난 패션 감각으로 다른 사람의 시선을 한 몸에 받는다. 어디를 가든, 어느 장소에 있든 돋보인다. 지나가던 사람도 지은 씨가 입은 옷을 보고 어디서 샀냐고 물어보는 일도 왕왕 있다. 지은 씨는 그 누구보다 자신이 중요하다고 말한다. 자신만의 감성으로 아름다운 옷을 만드는 일에 자부심을 갖고 있다.

이들은 자신이 다른 사람들과 기본적으로 다르다고 생각한다. 자신에게는 특별한 재능이 있고, 특별한 결함이 있다고 느끼기도 한다. 그들은 자신의 개성과 결함을 그 누구보다 잘 이해하고 있다. 스스로가 마음에 들지 않을지라도 합리화를 하지는 않는다. 그리고 있는 그대로의 자기 자신을 보는 것을 두려워하지 않는다. 자신에게 진실하려고 노력하기 때문이다. 자신에게 정직하기 때문에, 자신의 어두운 부분이나 고통스러운 경험도 스스로 잘 처리할 수 있다.

자기 자신을 가장 중요하게 생각하기 때문에 다른 사람에 대한 관심보다는 자신에 대한 관심이 많다. 그래서 다른 사람이 자기 인생에 들어오는 것을 좋아하지 않는다. 많은 사람들과 친하게 지내는 것보다는 진실로 통하는 사람과 깊이 연결된 것 같은 느낌을 좋아하고 갈망한다. 그래서 자신의 감정을 진실하게 표현할 때 살아 있음을 느낀다. 가장 중요하게 여기는 것은 '자신이 특별한 사람'이라는 느낌을 갖는 것이기에 스스로를 잘 표현하려고 한다.

특별한 사람의
예민함

다른 사람이 갖고 있지 않는 특별한 것을 갖고 있다는 사실이 중요하지만, 반대로 다른 사람이 독특하고 특별한 물건이나 재능을 갖고 있다면 그것을 갈망하면서 질투한다. 자신보다 더 특별한 것을 갖고 있는 사람이 있거나 자신이 특별해지지 않는 장소에서 예민하게 반응한다. 만약 자신보다 더 특별한 재능을 갖고 있는 사람이 있다면 질투심 때문에 다른 사람의 특별함을 깎아 내린다. 이렇게 다른 사람을 인정하지 않고 질투를 하면서 헐뜯는다면 스스로 불안감을 느끼고 있다는 것을 알아차려야 한다. 다른 사람의 특별하고 뛰어난 점을 받아들이고, 자신이 갖고 있는 질투심과 시기심을 인정하는 것이 건강한 태도이다.

• 감정의 기복이 크다

아침의 감정, 오후의 감정, 저녁의 감정이 차이가 많이 날 정도로 감정 기복이 크며, 여러 감정 사이를 왔다 갔다 하면서 산다. 우울한 감정이 오더라도 자신의 삶에서 중요한 감정이라고 생각을 하고, 그 감정을 거부하지 않는다.

• 자신이 갖고 있지 않는 것을 갈망한다

자신이 갖고 있는 것보다는 갖지 못하는 것에 더 집착하고 끌리는 경향이 있다. 자신이 원하지만 가질 수 없는 것이나 헤어진 옛 친구, 사라진 것에 대한 그리움 등 슬픈 감정들이 자신에게 특별한 느낌을 주기 때문에 자신의 깊은 감정을 느끼려고 한다.

• 진실을 통해서 삶의 의미를 추구한다

주된 관심은 예술분야나 상호 간의 의사소통을 통해서 자신을 진실하게 표현하는 것이다. 자기 감정을 구체적으로 표현하며 자기 삶의 의미를 추구한다. 때문에, 개인적인 이야기를 자주한다. 또한 자신이 느끼는 세계가 가장 진실한 세계라고 믿는다.

• 자신과 남을 비교한다

자신도 모르는 사이에 다른 사람과 자신을 끊임없이 비교한다. 자신이 갖고 싶은 것을 다른 사람이 갖고 있다면 질투를 하고, 계속 비교를 하면서 스스로 자신이 뭔가 부족하다고 결론을 내리거나 자신이 더 우월하다고 결론을 내린다.

고난십분야의 정보를 모르면 예민해져!
: BZ 유형

혼자 있는 시간을 즐기는
전문가 유형

인간이 왜 몸을 갖게 되었는지 잘 모르겠습니다.

내 생각엔 몸은 머리의 부속품입니다.

-폴 볼스(Paul Bowles)

내게 고독만큼 좋은 친구는 없었습니다.

-헨리 데이비드 소로우(Henry David Thoreau)

우영 씨의 취미는 피규어를 모으는 것이다. 원피스 피규어를 모으기 시작하면서 어느 순간 방의 책꽂이는 피규어 장식장으로 변해 있다. 물론 피규어만 모으는 것이 취미는 아니다. 예전에 판타지 영화를 좋아해서 모아둔 영화파일들이 지금도 고이 간직되어 있다. 영화뿐만 아니라 애니메이션 마니아였던 적도 있었다. 물론 그 애니메이션도 연도별로, 국가별로 폴더 안에 차곡차곡 모아져 있다. 연구원으로 재직 중인 우영 씨는 자신의 전공분야는 누구보다 최고라는 말을 듣는다. 자신이 관심 있는 분야는 일단 책을 읽어야 직성이 풀린다.

매일 무언가를 배우고, 정보를 수집하는 것이 일상이다. 어떤 사건이나 상황이 일어나는 방식과 흐름에 대해서 알고 싶어 하기 때문이다. 지식이나 정보를 알고, 세상이 돌아가는 이치를 알게 되었을 때 안전함을 느낀다. 혼자 자신만의 시간을 갖고 자신이 관심 가는 것에 몰두할 때 가장 행복감을 느낀다. 사람들과 부대끼면서 대화하고 즐기는 것보다는 관계를 살펴보고, 전체적인 흐름을 관찰한다. 모임이나 직장에서 사람들과 대화하고 함께 일을 하거나 팀 프로젝트를 하면, 스스로 에너지가 많이 소모된다는 것을 느낀다. 그래서 소모된 에너지를 충전하기 위해 자신만의 시간을 갖는 것이 필요하다.

관찰자의
예민함

쓸모없고 무능한 사람으로 여겨지는 상황에 예민하다. 다른 사람들이나 세상에게 쓸모 있는 사람으로 받아들여지기 위해서, 한 분야에서 전문가 수준이 되어야만 안전감과 자존감을 갖게 된다. 무엇이 되건 자신이 완전히 통달할 수 있다고 여기는 것에 열중한다. 영화, 애니메이션, 수학, 소설, 음악 등 자신만이 전문가 수준으로 말할 수 있는 무언가가 하나는 있어야 한다고 생각한다.

가장 싫은 것이 바로 아무런 이유와 목적도 없이 만나서 술을 마시거나 시간을 보내는 것이다. 그래서 다른 사람들과 만나거나 교류하는 것을 좋아하지 않고, 자신만의 동굴을 만드는 경우가 많다. 지식과 정보, 혹은 자신이 관심을 두고 있는 것에 항상 부족함을 느끼고 있으며, 다른 사람과의 감정적인 관계를 최소한으로 유지하기 위해서 감정을 표현하지 않으려 한다.

• 관심 분야에 대해서는 전문가이다
자신이 관심 있는 영역에 대해서 정보를 다루는 것을 좋아한다. 방에는 책이나 DVD, 피규어, 잡지 등 자신의 관심 분야와 관련된 것들로 채워져 있다.

• 프라이버시를 중요시한다

혼자 있을 때 가장 활발하고 에너지가 넘친다. 다른 사람들과 교류를 할 때 에너지가 빠져나가기 때문에, 혼자 있는 시간을 통해서 에너지를 재충전하며 다른 사람과 교류할 수 있도록 준비한다. 사회적인 활동을 할 때에는, 자신의 일이나 업무가 예측 가능하고 개인적인 표현을 최소한으로 해도 되는 역할을 선호한다.

• 자신의 감정을 격리시킨다

감정을 적극적으로 느끼는 것이 아니라 자신의 감정을 객관적으로 관찰하기 때문에 감정이 생기면 그것과 거리를 두려고 한다. 그러고 나서 혼자 있을 때 자신의 감정을 마치 사진첩에서 꺼내보듯이 다시 떠올린다. 주변에 사람들이 아무도 없을 때 자신의 감정을 가까이 느낄 수 있기 때문에, 자신이 경험하고 느낀 것을 정리하기 위한 혼자만의 시간이 필요하다고 생각한다.

• 사회활동의 각 부분 및 지식을 구분한다

직장, 취미생활, 봉사활동 등 사회적인 활동을 통해서 만나는 친구들이 있지만 각 분야의 친구들을 서로 소개해주거나 모임을 만들지는 않는다. 사람뿐만 아니라 자신이 학습한 지식을 각기 카테고리로 만들어서 확실하게 구분하여 정리한다.

사람들에게 관심받지 못하면 예민해져!
: CX 유형

: 감성적인
: 인기쟁이 유형

사랑받기 원한다면 사랑스러워지십시오.

-오비드(Ovid)

대단한 사람을 사랑하려면 그에 걸맞게 대단해져야 합니다.

-수잔 쿠르코드(Suzanne Curchod)

스스로 오지랖이 넓다고 말을 하는 승환 씨는 자신의 직업이 세 개 이상은 된다. 일단 자신의 주업은 직장에 다니는 것이다. 하지만 부업 때문에 더 바쁜데, 친구가 도와달라고 하는 일은 거절하지 못하고 다 도와준다. 부업이라고 해도 돈을 버는 부업을 말하는 것이 아니다. 도와준다고 여기저기 따라다니다 보니 어느 순간 시간을 많이 쏟게 되어 부업이라고 말하는 것뿐이다.

관대하고 사려가 깊고 사람들을 따뜻하게 해준다. 사람들의 삶에 생기를 넣어주고 스스로 인식하지 못했던 장점들을 발견할 수 있도록 도움을 준다. 친구가 도와달라고 할 때 기꺼이 도와주고 상대방의 상황에 따라서 잘 맞춰준다. 다른 사람들에게 관심을 많이 갖고 있기 때문에, 다른 사람의 기분이 좋은지 나쁜지에 대해서 누구보다 잘 알고 있다.

주변에 있는 사람들에게 좋은 사람이라는 칭찬을 자주 듣고, 고민을 상담하는 사람들과 도움을 요청하는 사람이 많다. 하지만 좋고 싫음이 분명해서 좋아하는 사람에게는 간과 쓸개도 내놓을 듯이 잘하지만, 싫어하는 사람이 하는 부탁이라면 들어주기 싫어한다.

사랑을 주는 사람의
예민함

    다른 사람을 위해서 자기 시간을 쏟는 만큼 그들에게서 사랑받기를 원한다. 자신이 시간을 쏟는 사람이 친구면 친구를 위해서 기꺼이 시간을 함께 보내고 친구를 위해서 함께 고민한다. 한편, 상대방의 관심과 사랑이 원하는 만큼의 표현이 아닐 때 예민하게 행동한다. 때로 그 당사자에게 서운함을 표시하거나 상대방의 행동을 예의주시한다.

    가장 중요하게 여기는 것은 '다른 사람이 자신을 좋아하고 필요로 하는가'이다. 다른 사람이 나를 좋아하지 않는다거나 나를 필요로 하지 않는 상황을 가장 싫어한다. 또한, 상대방이 자신을 거부하거나 싫어하는 상황이 생기면 예민해진다. 만약, 타인의 부탁을 거절하지도 못하면서 자신이 원하는 것을 표현하지도 못한다면 건강하지 못한 방향으로 자신의 성향을 사용하는 것이다.

    건강하게 행동하기 위해서는 자신이 원하는 것이 무엇인지, 자신이 하고 싶은 것이 무엇인지, 자신이 가장 중요하게 생각하는 것이 무엇인지를 스스로 생각할 수 있는 개인적인 시간이 필요하다. 자신이 원하는 것을 인식했다면 자신의 의사를 정확하게 표현하는 것이 중요하다. 자신도 모르게 모든 관심이 배우자, 자식 혹은 직장 동료에 쏠려 있다면 그 관심을 자신에게 돌려서 자신이 원하는 것에 집중해야 한다.

- 관계 중심주의

개인적인 관계 형성이 자신에게서 가장 중요한 부분이라고 생각하기 때문에 주변에는 사람이 많다. 주변 사람들에게 조언과 도움을 많이 주기 때문에, 다른 사람들이 자신에게 의존하고 있다고 느낄 수도 있으나 실은 다른 사람들과 친밀한 관계나 다른 사람들이 도움을 요청하는 관계에서 자신의 자존감을 얻고 자기 가치를 확인하려고 하는 경우가 많다.

- 자신이 무엇을 원하는지 잘 모른다

다른 사람이 무엇을 필요로 하는지에 대해서만 집중하기 때문에 자기 자신이 무엇을 원하는지에 관심을 두지 않는다. 무엇을 갖고 싶은지, 무엇을 하고 싶은지에 대해서 말하라고 하면 필요한 것이 없다고 대답을 하거나 자신은 모든 것을 다 갖고 있다고 답한다.

- 관계를 조화롭게 하는 능력

다른 사람의 원하는 바가 무엇인지, 상황에 따라서 무엇이 필요한지를 잘 알고 있다는 것에 큰 자부심을 갖고 있다. 또한 이렇게 다른 사람들과의 관계를 조화롭게 조정하고 연관짓는 능력을 가지고 있지만 이러한 성품에는 다른 측면이 있다. 사람들과의 관계나 일이 잘 되어 갈 때는 우쭐해지는 반면에, 계획대로 되지 않을 때는 쉽게 사기가 꺾이거나 분노를 느낀다.

• 다른 사람에게 집중한다

다른 사람이 무엇을 원하는지 직감적으로 알고 있기 때문에 가능하면 상대가 필요로 하는 것을 기꺼이 제공하려고 한다. 주변에 도움이 필요하다고 여기는 모든 사람들에게 도움을 주려 하기도 하고, 사회적인 지위가 높은 사람과 같은 특정 사람에게만 도움을 주기도 한다. 대개의 경우 상대방이 자신을 좋아하도록 만들기 위해서 어떠한 모습을 보여야 하는지 잘 알고 있다.

안전하다는 확신이 없으면 예민해져!
: CY 유형

> 항상 미래를 대비하는
> 책임감 있는 유형

나는 반대로 생각하는 일종의 편집증이 있습니다. 그래서 사람들이 나를 즐겁게 해줄 때는, 오히려 음모가 아닐까 의심하게 됩니다.

-제롬 데이비드 샐린저(J. D. Salinger)

김 대리는 자동차를 구입하겠다고 마음을 먹고 구입하고자 하는 차종을 선택하기까지 6개월 가까이 걸렸다. 드디어 선택한 차를 구입하기로 하고 자동차 딜러를 통해서 계약을 했다. 문제는 자동차 색깔인데, 오래 타고 다닐 생각을 하니 신중해지는 것이다. 처음에는 검정색 차를 계약했는데, 출고되는 한 달 동안 수십 번 마음이 변했다. 흰색이 나은 것 같아서 딜러에게 색을 바꿔달라고 했다가 검정색으로 다시 마음을 바꾸기도 했다. 결국 출고를 했을 때 자동차 색은 흰색이었다. 그러나 여전히 후회 중이다. 검정색을 살 것을 흰색으로 골랐다고 말이다.

자신이 신뢰하는 것에 충실하다. 자신이 신뢰하는 것이 직장일 수도 있고, 존경하는 사람일 수도 있고, 권위일 수도 있다. 자신이 믿는 신념에 충실한 이유는 자신이 사람이나 조직에서 버려져서 혼자 남겨질까 봐 두렵기 때문이다. 혼자 스스로 위기를 헤쳐 나갈 자신만의 자원이 없다고 느끼기 때문에, 다른 사람과 조직이나 가족에 의존하고 도움을 청하려고 하는 마음이 강하다.

책임감이 강하고 무슨 일이든 준비성이 철저하다. 상상력이 풍부하고 미래를 대비하는 성향이 강해서 혹시라도 잘못될 가능성이 있다고 생각되는 것들을 준비한다. 그래서 걱정이 많아 보이기도 하지만, 준비성이 철저한 만큼 큰 문제가 생기지도 않는다. **한편, 회사에서 일을 할 때 잘**

못될 수 있는 경우의 수를 모두 대비하고자 하기 때문에, 자꾸 문제를 제기하고 의심이 많은 사람처럼 보여서 회의적인 사람으로 여겨질 수도 있다.

충실한 사람의 예민함

안전하지 못하다고 생각하면 예민해진다. 다른 사람의 지원이나 안내를 받지 못하거나 자기 스스로 혼자서 생존하지 못하는 상황에서 예민하게 행동을 한다. 생각이 많고 고민이 많다. 하지만 자신이 결정을 내리는 것을 꺼리기도 한다. 문제는 자신이 결정을 내리는 것도 두려워하지만 다른 사람이 자신의 일을 대신 결정하는 것도 좋아하지 않는다는 점이다. 매뉴얼이 있는 일을 하면 전혀 문제가 없지만 혼자 기획을 해서 전체를 끌고나가는 상황이 되면 어떻게 하지를 못한다. 책임감 있게 일을 꾸려 나가기 위해서 혹시 모를 위험에 대비하려고 하기 때문에 혹시라도 실패 가능성이 있는지 체크하고 점검한다.

가장 중요하게 여기는 것이 지금 잘못되어 가는 게 있는지, 없는지를 체크하는 것이다. 그래서 자신이 최선의 결정을 하고 있는지를 계속 확

인한다. 누구보다 책임감이 강하고 자신의 일을 확실히 하기 위해서 문제도 제기하고 의심을 하여 미리 걱정하고 미리 준비하는 경향이 있다.

앞선 일을 지나치게 걱정하며 회의적으로 표현해서 진행되고 있는 일을 자주 멈추게 하거나, 부정적인 표현을 자주 하는 것은 건강하지 못한 태도이다. 미래를 대비할 때 부정적인 상황만 고려하는 것이 아니라 긍정적인 상황도 함께 고려하고, 최상의 시나리오를 준비해나가야 한다.

• 최악의 시나리오

풍부한 상상력을 가지고 있으며 좋은 경우와 나쁜 경우 중 나쁜 경우를 상상하는 경향이 있다. 부정적인 가능성에 대해 집중하기 때문에 스스로 불안을 키운다. 문제를 미리 예측하고 해결방안까지 생각해놓고 준비를 하는 것이 문제를 해결하는 데 도움이 된다고 믿는다. 부정적인 경우를 상상하고 이를 막기 위한 계획을 미리 세우기 위해 일을 미루게 된다. 일을 미루는 이유는 무엇이 최선의 선택인지, 무엇이 문제가 생길 소지가 있는지가 불확실하기 때문이다. 걱정이 많고 불안해서 자기를 의심하기 때문에 분석을 하다가 혼란이 오기도 한다.

• 권위에 대한 믿음과 헌신

권위가 있는 조직이 하는 말이나 지시는 중요한 힘을 갖는다고 생각하기 때문에 이들을 존중한다. 또한 권위를 가진 조직이나 사람이 자신을 보호해줄 수 있을 것이라 생각하고 보호받기를 바란다. 때문에 보호를 받는 만큼 충직하게 헌신한다. 믿을 수 있는 조직이나 권위 있는 사람이 자신의 헌신이나 충성을 인식하고 인정을 해주리라 기대한다. 그리고 문제가 생겼을 때 주변 동료들이 자신을 지원해주고 지지해주기를 원한다.

이상과 원칙이 무너지면 예민해져!
: CZ 유형

> **높은 이상을 추구하는**
> **완벽주의자 유형**

일단 시작한 일은 반드시 끝마치십시오. 작든 크든 제대로 마무리하지 못할 바에는 아예 시작도 하지 않는 것이 좋습 니다.

-무명씨

대기업 과장으로 재직 중인 민식 씨는 지각하는 신입사원을 도대체가 이해할 수도 없고 이해하고 싶지도 않다. 사회생활에서 기본 중의 기본이 시간 약속을 지키는 것이 아닌가. 자신은 지방의 동창 모임을 나가더라도 한 시간 전에는 도착해서 기다리고, 거래처 미팅이 있으면 30분 전에는 도착해서 시간 맞춰서 들어간다. 그런데 신입사원이 회사에 1분씩 지각을 하는 것은 도무지 이해할 수가 없다. 지각하는 것 자체로도 화가 나기 때문에 신입사원을 볼 때마다 짜증이 날 때가 많다. 시간 약속도 못 지키는데 다른 것도 잘할 리가 없다고 생각한다.

자신이 생각하는 높은 이상이 있는데, 그 이상은 목표일 수도 있고 자신의 기준일 수도 있고, 일에 대한 기준일 수도 있다. 기준을 달성하기 위해서 최선을 다해 노력하고 철저하게 준비한다. 원칙을 지키고 옳은 행동을 하는 것이 세상을 완벽하게 만든다고 생각한다. 완벽을 추구하지만 기준이 높기 때문에 자기 스스로도 달성하기 힘들어한다. 그래서 항상 자신이 설정해놓은 기준대로 행동하지 못하기에 스스로 완벽하지 못한 인간이라고 생각한다.

꼼꼼하고 공정하고 완벽주의를 추구하여 원칙주의자라는 말을 많이 듣는다. 옳지 못한 행동을 하는 것을 가장 싫어하고 모든 행동에는 기준이 필요하다고 생각한다. 그래서 주변의 사람이나 상황, 환경을 개선하기 위해서 노력한다. 혹시라도 지각을 하는 동료가 있거나 배우자나 아이가 시간을 지키지 않으면 잔소리를 하며 시간을 지키게 만들기도 한다.

⋮ 완벽주의자의
⋮ 예민함

스스로 설정해놓은 이상과 높은 기준만큼 자신이 실행하지 못하는 것에 대해서 실망한다. 자신이 게으르고 무책임하다는 생각이 들면 예민해진다. 서로 지켜야 하는 기준선을 지키지 않거나 원칙을 지키지 않으면 계속 신경을 쓰게 된다. 가장 중요하게 여기는 것은 '무엇이 옳고 그른가', '무엇이 정확하고 부정확한가?'이다. 업무를 처리하더라도 완벽하고 가장 이상적인 처리 방법이 있다고 생각하고 회사와 가정에도 이상향이 있다고 생각한다. 그래서 이런 이상적인 모습을 만들기 위해서 노력한다.

자신이 한 행동이 자신의 기준에 도달하지 못했을 때, 가장 예민하게 군다. 물론 자신뿐만이 아니라 다른 사람들이 기준에 미치지 못했을 때에도 예민해진다. 예민하게 행동하는 이유는 자신만의 재판관이 계속해서 자신을 지적하는 것처럼 느끼기 때문이다. 자신이 생각하는 기준을 다른 사람들이 반드시 지켜야 한다고 생각해서 지적을 하고 싸우는 방식으로 표현하는 것은 건강하지 못한 방법이다. 건강한 방식으로 이를 극복하기 위해서는 자신의 기대치가 높다는 사실을 인식하고, 그 기준과 기대치를 반드시 지켜야 한다는 강박을 내려놓는 것이다. 가끔은 주변을 개선하고자 하는 욕심을 내려놓고 물 흘러가듯이 흘러가게 하는 것이 좋다.

• 완벽주의

끊임없이 현재의 상황을 자신이 생각하고 있는 이상적인 상황과 비교한다. 또한 자신이 하고 있는 이상적인 상황처럼 완벽하고 탁월하기를 원한다. 자신만의 높은 내면의 기준을 가지고 있으며 자신은 물론이고 다른 사람들까지도 이런 기준에 맞추어서 책임감 있게 행동하기를 원한다.

• 옳은 방식은 분명 있다

세상의 모든 일이나 나에게 주어진 문제, 상황, 과제에 대해서 하나의 옳은 해결책이 있다고 믿는다. 옳은 방식, 가장 좋은 접근법, 올바른 답을 제시함으로써 재빨리 상황에 대처하길 원한다. 또한 자신이 선택한 옳은 방식으로 다른 사람들이 따라주기를 바란다.

- **화를 누르다가 폭발한다**

책임감은 가장 중요한 가치이기 때문에 근면하고 성실하게 일한다. 특히 시간에 대한 관념이 철저하고 일관성이 있어야 한다고 생각한다. 자기 자신을 비롯해서 다른 사람들이 시간을 철저히 지키는 모습을 보여주지 않을 때 화가 난다. 특히 진지하지 않은 사람이나 열심히 일하지 않는 사람을 보면 화가 나는데, 그때그때 화가 난 것을 표현하지 않고 있다가 어느 순간 폭발해버린다. 화를 낼 때는 스스로도 납득할 수 있는 정당한 명분이 있어야 한다고 생각한다.

- **마음속에 비판자가 항상 따라다닌다**

스스로 비판을 하고 싶지 않아도 계속 마음속 어딘가에서 자신의 생각이나 감정, 행동을 끊임없이 감시하면서 비판을 하는 비판자가 있다. 무엇을 잘못했는지, 무슨 말을 해야 했는지, 어떻게 행동했어야 옳은 것인지를 끊임없이 말한다. 자신만 들을 수 있는 내면의 목소리는 쉬지 않고 자신에게 말하면서 자신을 비판한다. 뿐만 아니라, 바디랭귀지나 행동 등 드러나지 않는 방식으로도 다른 사람을 비판하기도 한다.

5.

예민한
사람들의
대인관계

나를 싫어하는 것은 아닐까?

작은 단서가
그 사람의 전부는 아니다

오늘 아침 출근길에 만난 김 과장이 얼굴을 찌푸리면서 인사를 받는다. 인사를 하긴 했지만 여간 신경이 쓰이는 것이 아니다.

'어제 저녁에 제출한 보고서가 잘못됐나?'
'아침부터 내가 뭐 실수했나?'

'오늘 과장님 기분이 별로인가?'

아침에 찡그린 표정 하나 때문에 하루 종일 긴장해서 김 과장의 기분을 맞춰주느라 녹초가 되고 말았다. 한번은 친구에게 메시지를 보냈는데 답이 없는 것이다. 나하고 관계가 나쁜 것도 아니고 싸운 것도 아니고 뭔가 문제가 있는 것도 아닌데 말이다.

'혹시 친구가 나한테 화난 것이 있나?'
'연락을 안 하는 친구가 아닌데, 내가 실수한 일이 있나?'
'아무리 바빠도 대답을 안 할 정도면 친구도 아니지.'

온갖 생각을 하면서 안절부절못하던 적이 한두 번이 아니다. 나중에 알아보니 문자가 와 있는 것을 몰랐거나, 바쁜 일이 있었다고 하는 경우도 많이 있었다. 예민한 사람들은 아주 작은 손짓, 말투, 표정을 잘 포착한다. 작은 단서들을 발견하면 머릿속은 분주하게 돌아간다. '왜 저런 표정을 짓고 있을까', '그 사람이 한 말의 의미가 무엇인가' 이렇게 사소한 것을 관찰하고 파악하다 보면 그 사람에 대해서 금방 알게 되고, 그 사람에게 맞춰주기도 하면서 어떤 면에서는 편할 때도 있다. 아주 작고 사소한 것에서 상대방을 파악하는 것은 유용할 때가 많다. 하지만 그 사람의 행동이나 표정을 아무리 해석하려고 해도 이유를 모르는 경우도 있다. 또

전혀 관심이 없는 지나가는 행인의 행동에서 그 사람이 무슨 의도로 이러한 행동을 하고 있는지가 눈에 들어올 때면 여간 피곤한 것이 아니다.

예민한 사람들은 아주 작고 사소한 것을 중요한 단서로 해석하는 경향이 있다. 민감하기 때문에 작은 단서들을 포착하고 파악하는 것이 스트레스라고 생각하는 경우가 많다. 하지만 작은 단서를 파악하는 것이 스트레스가 되는 것이 아니라 그 단서들을 부정적으로 해석하고 과잉 생각을 해서 부정적인 결론을 내리는 것이 스트레스가 된다.

작고 사소한 표정이나 말투로 아주 중요한 단서를 파악한 것처럼 과잉 해석하고, 그 해석한 것을 부정적으로 받아들이는 것을 '정신적 여과(선택적 추상)'라고 한다. 전체 맥락을 파악하지 못하고 아주 작고 사소한 것을 중심으로 상대방의 생각이나 의도를 해석하다 보면 정확하게 객관적으로 상황을 파악하는 것이 아니라 자신이 해석하고 싶은 대로 해석을 하는 오류가 생긴다.

결과적으로 정확한 상황이 아니라 왜곡해서 상황을 이해하고, 자신이 보고 싶은 것을 보고, 이해하고 싶은 대로 혼자 이해하는 결과가 된다. 그러면 이런 왜곡이 상대방과의 관계에서 오해를 만들고, 오해가 상대방과의 관계를 멀어지게 만든다. 결국 자신이 관찰한 상대방의 아주 사소하고 작은 행동들은 무의미할 수도 있는데도 불구하고, 혼자 생각에 생각을 거듭한 끝에 극단적으로 해석을 하고 극단적인 결정을 하고 만다. 상대방은 그냥 그날 입은 옷이 불편해서 얼굴을 잠깐 찡그렸을지도 모르는데, 본인은 이미 친구와 연락을 끊고 만나지 않는 결론까지 낼 수도 있는 것이다.

왜 사소한 것에
집중하는 것일까?

다른 사람들의 아주 사소한 말이나 행동에 집중을 하는 이유는 그 사람을 배려하기 위해서이다. 그리고 상대방과 친해지고 싶어서, 이왕이면 상대방의 기분에 맞춰주기 위해서 등의 이유가 있다. 대인관계에서 예민한 사람들은 상대방과 좋은 관계를 유지하고 그 사람을 배려하기 위해 아주 작은 단서도 놓치지 않으려고 노력한다. 친구의 기분이 안 좋은 것은 아닌지, 혹시라도 나를 만나기 전에 안 좋은 일이 있었던 것은 아닌지를 살핀다. 함께 시간을 보내는 지금도 자신 때문에 불편할까 봐 신경을 쓰면서 상대방을 배려한다. 농담을 하고 나서 상대방의 표정을 살피고, 기분을 살피곤 한다. 자신이 농담이라고 던진 말이 '혹시라도 기분 좋은 분위기를 깨지 않을까' 하는 생각도 하고, 다른 사람을 배려하기 위해서는 다른 사람의 기분을 잘 살피는 것이 기본이라고 생각한다.

예민한 사람들은 '넘치는 배려심'으로 인해 자기 스스로 스트레스를 받는다. 다른 사람이 불편하게 느끼는 것을 고스란히 느끼고, 약간의 찡그린 표정만 봐도 자신이 불편해서 견디지를 못한다. 그래서 상대방이 불편하지 않게 하려고 무던히 노력한다. 자신도 모르게 계속해서 상대방의 기분을 살피고 표정을 살피고 행동을 살핀다. 이런 사람들은 그 누구를 만나도 마음이 편하지 않다.

친구를 만날 때조차 편안하게 만나지 못하고, 친구가 했던 말이 뇌리에 남아서 집에서 혼자 되뇌고 있는 것이다. 그렇다고 친구에게 서운했다고 말을 하지도 못한다. 왜냐하면 그 당시에 서운하다고 말했으면 모를까 따로 전화해서 말하기는 좀 뒤끝이 있어 보이기 때문이다.

예민한 사람들이 다른 사람들을 지나치게 배려하는 행동은 상대방을 위해서 하는 행동이 아니다. 그저 자신이 편하기 위해서 하는 행동일 뿐이다. 다른 사람에게 좋은 사람으로 보이고 싶은 욕심과 모든 사람들이 자신을 좋아하길 바라는 소망 때문이다. 자신도 모르는 사이에 상대방에게 자신을 맞추는 것이 쉽기도 하고, 맞춰야 한다는 강박이 생기기도 한다. 어느 순간 상대방에게 맞추는 것에 익숙해져 있고 상대방도 자기에게 맞추는 것을 당연하게 생각하기도 한다. 한 번, 두 번 상대방을 배려하면 처음에는 고마워하지만 어느 순간 상대방은 배려하는 자신을 당연하게 생각하기 시작한다.

친구관계든 동료관계든 '어떻게 관계를 맺고 유지하는가'에 따라서 서로 동등한 관계가 지속되기도 하지만, 지나친 배려를 당연하게 생각해서 갑을관계로 변하기도 한다. 상대방을 잘 배려하는 섬세하고 예민한 사람들은 동등한 관계임에도 불구하고 '을'과 같은 입장으로 행동하고 말하게 된다. 계속 그런 태도를 취하게 되면 대인관계에서 스스로 지나친 스트레스를 받게 될 가능성이 높다.

내 자존감이
낮은 것은 아닐까?

다른 사람들에게
자꾸 휘둘리고 있는 것 같다면

"제 자존감이 낮은 것 같아요. 다른 사람들에게 너무 휘둘려요."

예민한 사람은 상대방에게 맞추는 일에 능숙하다. 누구보다 상대방의 기분과 상황을 빠르게 이해하기 때문이다. 문제는 자신의 기분과 상관없이 상대방에게 맞추려 한다는 것이다. 사람이라면 누구나 기분이 좋지 않을 때는 상대방에게 위로도 받고 싶고, 상대방이 자신에게 맞춰주기를 바란다. 그러나 자신의 기분이 좋지 않은 날조차 상대방의 기분에 맞춰주고 있는 것이다. 그럴 때마다 왜 그런지 스스로 이해도 되지 않고 '자존감이 낮아서 상대방에게 맞추기만 하는 것은 아닐까' 하는 생각이 드는 것이다.

예민한 사람들은 다른 사람들의 감정과 기분을 민감하게 알아채기 때문에 자신도 모르게 다른 사람의 영향을 많이 받게 된다. 예민하기 때문에 다른 사람의 아주 작은 표정 변화나 아주 미세하게 떨리는 목소리, 행동의 변화를 빠르게 파악한다. 상대방 감정의 변화를 몰랐으면 모르겠지만 자신이 알게 된 이상 어차피 함께 있는 시간을 즐겁게 보내기 위해서 상대방에게 맞추는 것이 습관처럼 되어 있다.

상대방의 기분과 상황에 맞추고 계속 신경을 쓰느라 사람을 만나고 나면 '소진이 되는 경험'을 한 번쯤은 했을 것이다. 시각이 예민한 사람은 표정이나 행동으로 알아채고, 청각이 예민한 사람은 목소리나 말투로 알아챈다. 감각이 뛰어난 사람은 다양한 방법으로 상대방의 감정과 상황을 빠르게 파악한다. 사람들을 만나면 상대방의 반응에 따라서 자신의 기분이 달라지고, 상대방의 아주 작은 미세한 표정 변화에 많은 의미를 두고 상대방의 기분을 맞춘다.

예민한 사람들은 이렇게 다른 사람의 기분과 입장을 민감하게 알아채기 때문에 대인관계에서 매우 유리하다. 민감하게 상대방의 생각과 입장, 감정을 파악하는 것을 공감능력이라고 부른다. 공감능력은 다른 사람의 입장에서 이해하고 그 사람의 마음을 느끼고 이해하는 능력이다. 다른 사람의 역할과 관점과 마음을 이해한 다음 상대방에 맞추어서 말과 행동으로 표현하는 것은 탁월한 능력이다.

그러하기에 예민한 사람들 중에서 어떤 사람은 공감능력이 높아서 사회생활을 잘하는 것처럼 보이지만, 어떤 사람은 스스로 자존감이 낮다고 느끼는 것이다. 사람과 관계를 맺는 방식 중에서 '자신을 중심에 놓고 상대방을 배려하는가, 상대방을 중심에 놓고 생각하는가'에는 차이가 있다. 상대방을 배려하는 것은 중요하지만 자신의 마음이 힘든 상황이나 상처를 받는 상황에서도 상대방을 배려하느라 자신을 돌보지 않는 사람이 있다. 이렇게 자신을 돌보지 않고 상대방만을 중심에 놓고 상대방만을 위해서 배려할 때 자신의 자존감이 무너지는 경험을 하게 된다.

자기존중감은 자신을 존중하고 사랑하는 마음이다. 자신을 돌보지 않고 상대방의 기분과 상황만을 고려하면 자존감이 낮아지는 경험을 하게 된다. 물론 예민하기 때문에 상대방의 불편한 점이 눈에 띄고, 어떤 면에서는 스트레스를 받을 때도 있다. 예민하더라도 사람들과의 관계에서 중심을 자신으로 생각하면 예민함은 오히려 도움이 된다. 상대방의 불편함을 자신이 빨리 알아챌 때마다 조금씩 도와주기만 하면 된다. 너무 깊게 자신의 탓으로 의미를 두지 않으면, 오히려 상대방을 배려할 수 있기 때문에 사람들과 더욱 좋은 관계를 유지할 수 있다.

: 왜 나는 이렇게
: 피곤하게 사는 것일까?

다른 사람의 기분을 먼저 살피고 상황을 먼저 살피는 이유는 상대방에게 좋은 사람으로 보이고 싶기 때문이다. 상대방에게 잘 보이고 착한 사람으로 보이기 위해서 노력하는 이유는 바로 '불안감'이다.

'상대방이 나를 떠나지 않을까?'
'상대방이 나를 싫어하지 않을까?'
'사람들이 나를 좋아했으면 좋겠다.'
'좋은 사람으로 보이고 싶어.'

심리학자인 보울비(Bowlby)에 따르면 좋은 인간관계는 태어나서 36개월 이내에 결정이 된다고 한다. 어린 아기일 때 자신을 돌봐주는 부모나 성인과 애착관계가 형성되는데, 아기는 혼자 생존하지 못하기 때문에 자기를 돌봐주는 성인을 '안전기지'로 활용한다. 아기는 자신을 보호하는 마음의 안전 기지를 중심으로 두고 주변을 탐색했다가 돌아오는 방식으로 조금씩 주변에 적응을 해나간다. 불안감을 갖고 있기는 하지만 안전기지가 있기 때문에 용기를 내서 탐색하고 돌아오는 과정을 반복하면서 사회에 적응해 나가는 것이다.

한 인간으로 심리적, 사회적으로 발달을 해서 사회에 적응을 하기 위해서 인간은 자신을 보호하는 한 명 이상의 보호자가 필요하다. 3세 이전에 자신을 돌보는 보호자와 좋은 관계를 형성해서 안정적인 관계를 맺은 경험이 인간이 평생에 걸쳐서 만나게 되는 관계에 영향을 미친다는 것이다. 자신을 돌보지 않고 상대방에게 맞추는 대인관계의 패턴은 아주 어릴 때 만들어진 관계에 대한 불안감이 성인이 되어서도 나타난 것이다. 이들은 상대방과 안정적인 관계로 발전하지 못하고 상대방이 떠날까 봐 불안감을 느낀다.

'내가 한 말 때문에 상대방이 불편해진 것은 아닐까.'
'내가 혹시 실수한 것은 아닐까.'
'저 사람이 나를 싫어하는 것은 아닐까?'

누구를 만나든지 상대방이 조금이라도 불편해하는 모습을 보이면 자신도 모르는 사이에 불안감이 생긴다. 불안해지면 상대방을 편하게 만들기 위해서 농담을 하고 장난을 치고 대화의 주제를 바꾸면서 상대방이 편안한지 불편한지를 계속해서 살핀다. 상대방을 중심으로 대화하고 상대방이 편안한지를 살피고 상대방의 입장에서만 생각을 하다 보면 자신의 마음은 돌볼 틈이 없다.

연인관계에서
유독 더 예민해

"저는 친구관계에서는 문제없는데 연인관계에서 더 불안감을 느끼고 집착해요."

직장동료와의 관계나 친구 간의 관계에서는 불안감을 느끼지 않고 좋은 관계를 만들고 유지하는데 비해, 유독 연인에 대해서만 집착을 하며 불안감을 느끼고 상대방에게 맞추는 사람이 있다. 이성에게 유독 불안감을 느끼는 것이다. 상대방의 기분을 살피고 그 사람 앞에만 가면 자신이 한없이 작아지는 듯한 느낌이 든다. 자신도 모르게 상대방의 태도에 따라 안절부절못하게 되고, 유독 서운함을 느끼기도 하고 집착하게 된다.

친구나 직장동료와 같은 사람들과는 문제가 없는데 왜 유독 연인이나 특정한 사람에게만 불안감을 느끼는 것일까. 성인이라고 할지라도 연인과 같이 자신에게 중요한 사람일 때는 불안감을 느끼지만 친구와 같은 관계에서는 전혀 문제가 없기도 하다. 친구나 연인 사이라고 해도 안정적으로 애착관계를 형성한 사람들은 상대방과의 관계를 긍정적으로 생각한다. 서로 친밀감도 느끼지만 각자 삶의 영역을 독립적으로 인정하는 것이다. 자신이 연인을 사랑하지만 연인도 사회생활을 하고 사생활이 있다는 점을 인정한다. 잠시 연락이 되지 않더라도 연인이 바쁠 수도 있다고 생각하는 것이다. 상대방을 만나고 싶고 연락하고 싶더라도 상대방이 바쁘다면 연락하지 않고 시간을 잘 보낼 수 있는 사람들이다.

서로 안정적으로 관계를 형성하고 유지해야 하는데, 성인이더라도 서로에게 지나치게 몰입하는 '불안정-몰입' 애착관계를 형성하는 경우가 있다. 일반적인 친밀감을 뛰어넘어, 더 과도하게 친밀해지는 관계를 요구하고 상대방에게 의존한다. 서로에 대한 믿음과 신뢰가 적고 즉흥적으로 행동하거나 과도하게 걱정하는 모습을 보이기도 한다.

어떤 경우에는 상대방이 언제나 자신과 함께할 것이라는 것을 믿지 않을 뿐만 아니라 오히려 관계를 불편해하고 회피하는 것처럼 보이기도 한다. '거부-회피' 관계를 형성하면서, 스스로 독립적이라고 생각하고 상대방과 점점 친밀해지면 그 친밀감을 불편해하는 것이다. 이들은 친구 관계나 연인 관계에서 가까운 관계로 발전하는 것을 필요로 하지 않는다. 자신의 감정을 억누르면서 상대방과 거리를 두려고 한다.

이들은 가까운 관계에서 혼란스러운 느낌을 갖고 있다. 한편으로는 가깝고 친밀한 관계를 원하면서 그와 동시에 피하는 것이다. '거부-회피' 관계로 사회적인 관계를 맺는 사람들은 자기 자신과 상대방에 대해서 부정적으로 생각을 하기 때문에, 친밀해지고 싶은 감정을 누르면서 매우 적은 친밀감을 느끼려고 하는 경향이 많다.

친구나 연인 등 특정한 관계와 친밀해지는 과정에서 불안감을 느낀다면, 이는 자기존중감의 문제가 아니다. 좋은 관계를 만들고 유지하고 싶지만 한편으로는 대인관계 기술이 부족해서 불안감을 느끼거나, 좋은 관계를 만들기 위해서 노력했지만 상대방과 좋은 관계보다는 나빠진 경험을 겪어서인 경우가 많다. 이들은 관계에서 생기는 불안감의 근원이 무엇인지를 찾고 친밀한 관계를 만들기 위한 대인관계 기술을 배울 필요가 있다.

성격 좋아 보인다고?
보기보다 엄청 예민한데

: 내가 예민한지
: 회사에서는 아무도 모른다

누가 봐도 성격이 좋다고 소문이 난 이 대리는 회사에서 분위기 메이커이다. 흥이 많고 끼가 많아서 노는 것에 빠지지 않고 참석한다. 주말이 되면 여행을 다니느라 바쁘고, 친구들이 많아서 연말과 연초가 되면 송년회와 신년회 모임이 계속된다. 성격이 밝고 털털하고 에너지가 넘쳐서인지 그 누구도 이 대리가 예민한지 모른다.

예민한 사람은 까칠할 것 같고 소심할 것 같고 다른 사람들의 분위기와 동향을 살피면서 조용히 있을 것 같지만, 성격과 예민함은 별개의 문제이다. 예민하다고 해서 털털한 사람이 없는 것도 아니고, 소심하다고 해서 다 예민한 것은 아니다. 성격이 둥글둥글하고 털털하고 사람들과 관계가 좋은 사람들 중에도 예민한 사람이 있다. 예민한 사람들 중에서도 성격이 좋다고 평가받는 사람들은 자신을 점검하고 검열하는 수준이 높다. 다른 사람들이 싫어할 만한 자신의 행동을 점검하고, 상대방이 좋아할 만한 행동을 하는 것이다.

대인관계는 사회적인 기술이기 때문에 회사에서는 자신이 예민하더라도 표현을 하지 않을 수 있다. 예민하기 때문에 자신이 어떤 반응을 보일 때 상대방이 불편해하고 있는지를 그 누구보다 잘 알게 된다. 다른 사람들에게 어떻게 대했을 때 편안하게 생각하는지 알고 있어서 상대방에 맞추어 즐거운 분위기를 만들어낼 수도 있다.

예민한 사람들은 사람을 만날 때 상대방의 캐릭터에 맞춰서 자신의 캐릭터를 변화시킨다. 상대방의 성향과 캐릭터를 빠르게 분석해서 상대방이 좋아할 만한 말과 행동을 할 수 있다. 상대방을 빠르게 파악한다는 것은 사회생활에서 매우 유리한 일이다. 사람들은 처음 누군가를 만났을 때, 상대방의 행동과 말투와 같은 행동단서를 통해 상대를 파악한다. 예민한 사람들은 그런 행동과 말투를 민감하게 받아들이는 '관계의 민감성'이 매우 높은 사람들이다. 아주 민감하게 알아채기 때문에 상대방을 잘 파악하는 것이다.

자기가 자신을 평가할 때 매우 예민한 사람이라고 평가를 할지라도 다른 사람들의 평가는 매우 둥글둥글하고 털털한 사람이라고 평가할 수도 있다. 예민한 사람들은 서로를 금세 알아보지만, 둔감한 사람은 예민한 사람들의 예민함을 이해하지 못한다. 그저 눈치 빠르고 사회생활 잘하는 사람으로 기억하고 있을 뿐이다.

회사에서는 성격 좋은 그녀, 집에서는 엄청난 예민녀

사회생활을 할 때, 예민한 사람이더라도 그렇게 보이지 않을 수도 있다. 그러나 집은 편안한 공간이기 때문에 사회생활을 할 때보다 더 쉽게 자신의 예민함이 드러나게 된다. 예민한 사람들은 감각이 민감하기 때문에 일반 사람들보다 훨씬 더 신체적으로, 정신적으로 긴장을 하고 살아간다. 일반적으로 사회생활을 하면서 생긴 스트레스나 긴장감이 있어도 집에 와서 휴식을 취하면서 신체를 이완시킬 수 있다. 예민한 사람들은 이완을 시키더라도 본래 갖고 있는 긴장 수준이 일반 사람들에 비해서 높기 때문에 집에서 쉴 때조차 예민할 수밖에 없다.

시계의 째깍째깍 소리, 냉장고의 팬이 돌아가는 소리, 집 밖에서 들리는 아이들의 웃음소리에도 편안하게 쉬지 못한다. 한편, 집안의 정리가 되지 않으면 정리 안 된 것만으로도 신경이 쓰여서 청소를 해야만 쉴 수 있다. 그래야만 마음이 놓이는 것이다. 그 모든 주변정리가 되어 있어도 혼자서 쉬고 있으면, 어제 친구가 했던 말이나 다른 사람들의 표정과 행동 등이 떠올라서 자신도 모르게 계속 생각을 하게 된다.

예민한 사람들이 가족과 함께 살게 되면 그 예민함은 더 커진다. 본래 인간은 자신이 있는 공간에 누군가가 함께 있다는 것만으로도 신체적, 정신적으로 긴장하게 된다. 그래서 가족과 함께 집에 살 경우 더 많은 긴장을 하게 되기 때문에, 더 많이 예민함을 보인다. 가족의 콜록거리는 기침 소리나 스윽스윽 발걸음 소리, 싸우는 소리, 정돈되지 않은 집, 아이들의 뛰어다니는 모습 등에서 더 높은 스트레스를 받게 되는 것이다.

그래서 예민한 사람들은 집에서 맘 편히 쉬고 싶지만 쉴 수 없게 된다. 집에 와서 긴장을 풀고 이완을 시키고 편안하게 쉬어야 다시 직장에 가서 일할 수 있는 힘을 키울 수 있다. 하지만 집에서조차 신체적으로 긴장감이 계속 유지된다면, 가족들에게 더 짜증을 내고 예민함을 그대로 드러낼 수밖에 없다. 가장 편안한 사람에게는 자신의 있는 그대로의 모습을 보이기 때문이다. 가정은 편안하게 쉴 수 있는 공간이지만, 이곳에서조차 예민한 사람들에게는 자신도 모르게 여전히 긴장을 놓지 못하는 장소가 될 수도 있는 것이다.

대인관계에서 '예민함'은 장점이 될 수 있다!

당신의 예민함을 활용하라

'저 사람 배가 저렇게 나왔는데 왜 딱 맞는 옷을 입었을까?'

한 디자이너가 다른 사람이 입은 옷과 스타일들을 자연스레 평가한다. 같은 공간에 있는 사람들을 한 번 둘러보기만 해도, 사람들이 입은 옷의 컬러나 스타일을 금세 파악한다. 다른 사람이 입은 옷 스타일을 파악하는 것은 직업병이라고 볼 수도 있다. 이 디자이너는 시각적으로 예민한 사람이다. 디자이너로서 시각적으로 예민한 것은 강점이다. 자신의 시각적인 예민함을 디자이너로서 활용할 경우는 강점이지만, 상대방의 옷 스타일을 보며 스스로 불편하게 느낀다면, 이는 스트레스가 된다. 상대방의 모습이 눈에 거슬려서 스트레스를 받기만 하는 것이 아니라, 그 스타일을 어떻게 바꿨을 때 훨씬 돋보일 것인지를 고민할 수 있는 것은 예민함의 활용법이자 능력이다.

예민한 사람들은 상대방의 사소한 특징을 잘 잡아내곤 한다. 하지만 어떤 사람은 예민함을 활용하기도 하고, 어떤 사람은 예민함으로 스트레스를 받기도 한다. 자신의 예민한 점을 잘 활용하면 그것이 다른 사람에게 없는 매우 특별한 능력이 될 수도 있다. 이를 활용하는 방법을 스스로 체득해야 한다. 직업적으로 활용할 수도 있지만 각 상황에서도 자신의 강점을 활용하는 것은 자신의 몫이다.

예민한 사람들은 매일 매순간 생각이 끊임없이 머릿속에서 돌아가고 있다. 생각을 멈추지 못하고 있다면, 그것을 활용하는 것이 우리의 삶에 유익하다. 생각을 어디에 집중할 것인지는 자신이 선택할 수 있다.

상황에 따라
캐릭터를 만들어라

예민한 사람들은 상대방에 대해서 빨리 파악한다. 상대방이 좋아하는 것과 싫어하는 것을 금방 알아챈다. 상대방에 맞추어 때로는 넉살 좋게 말하기도 하고, 때로는 과묵하게 행동할 수도 있다. 때로는 성격이 좋은 사람, 때로는 까칠한 사람이 될 수 있다. 상대방을 빠르게 파악하기 때문에 상대방에 맞추어 가면을 쓰고 연기를 할 수도 있다.

사회생활을 하는 그 모든 장소에서 만나는 사람들의 성향과 상황에 대해서 파악할 수 있는 능력을 갖고 있다는 것은 비즈니스에서는 매우 중요한 능력이자 축복받은 능력이다. 비즈니스 협상에서도 가장 중요한 것이 바로 이렇게 상대방을 파악하는 능력이기 때문이다. 상대방의 성격을 파악하고 상대방이 처해 있는 상황을 파악하면, 협상에서 매우 유리한 고지를 차지할 수 있다. 비즈니스에서의 목표는 상대방의 협력을 이끌어내서 성과를 달성하는 것이기 때문이다.

상대방에 대해서 파악한 것을 바탕으로 보이고 싶은 모습만 보이는 것은 예민한 사람만이 갖고 있는 능력이다. 직장에서 털털한 사람으로 평가받고 싶어서 자신의 캐릭터를 털털한 사람으로 설정하고 행동을 하는 것처럼 상대방에 따라서 변신할 수도 있다. 어떤 캐릭터가 이번 협상에서 최상의 결과를 만들어 낼지에 대해서 고민하고 나면 머릿속에서는 저절로 시뮬레이션이 돌아간다.

자신이 주도한 모임에서 힐러리처럼 강인한 여성으로서 모임을 주도해야겠다는 생각이 들면, 그러한 캐릭터를 스스로 설정할 수 있다. 회사에서 착실하고 성실한 막내로서의 역할이 필요하다면, 성실한 막내로서의 캐릭터를 설정할 수 있다. 상대방을 파악하지 못하면 절대로 해낼 수 없는 것이 바로 캐릭터 설정이다. 상황에 맞는 캐릭터를 설정하고 모임에서 원하는 캐릭터를 설정하는 것은 주변을 빠르게 파악할 수 있는 능력이 있어야만 가능하다.

모임에 딱 맞는 캐릭터를 설정했다고 하더라도 용기가 없으면 실행할 수가 없다. 스스로 생각하기에도 민망하다고 여길지도 모른다. 예민한 사람들은 상대방에게 맞추기만 하는 것 때문에 혼란스러움을 느끼기도 한다. 상대방이 원하는 것을 무조건 들어주고 맞추어주는 것이 아니라, 우리가 추구하고 달성해야 하는 목표를 설정한 후에 캐릭터를 설정해야만 한다. 설정한 캐릭터를 성공적으로 수행하기 위해서는 끊임없이 자신에게 용기를 불어넣어야 한다.

'이 모임에서 나는 힐러리처럼 강인한 여성이 될 거야.'

'나는 스티브 잡스야. 프레젠테이션 발표에서 사람들의 주목을 받는 스티브 잡스야.'

긍정적인 결과를 위한
이미지 트레이닝을 하라

예민한 사람들은 생각이 많기 때문에 캐릭터를 설정하고 나면 끊임없이 머릿속에서 시뮬레이션이 돌아간다. 프레젠테이션에서 생길 수 있는 경우의 수들을 모두 고려한다. 모임을 주도하는 시간에 생길 수 있는 일들이 시뮬레이션이 되어 돌아간다. 혹시라도 생길 수 있는 불상사까지도 머릿속에서 이미 떠올라서 어떻게 수습해야 할지 고민하기도 한다. 스포츠 스타들은 실제 시합에서 일어날 일을 머릿속에서 이미지로 계속해서 반복하는 훈련을 하는데, 이를 멘탈 트레이닝 혹은 이미지 트레이닝이라고 한다. 자신도 모르게 잘 안 될 수도 있다는 부정적인 생각을 하게 되면, 부정적인 이미지 트레이닝을 혼자서 하게 될 수도 있다. 그러나 자신이 달성해야 하는 목표를 중심으로 긍정적인 결과가 나올 수 있는 경우의 수를 계속해서 떠올리게 되면 성공할 수 있는 확률이 높아진다.

남이 아닌 예민한 당신의 마음을 먼저 살필 때

자신에게
중심을 두어라

예민한 사람들은 혼란스러움을 많이 느낀다. 스스로 다른 사람을 고려해서 하는 행동들이 많기 때문이다. 예민한 사람들이 경험하는 대인관계 스트레스는 대부분 불안감에서부터 시작한다. '상대방이 나를 싫어하지 않을까', '상황이 나빠지지 않을까', '상대방이 나를 이상하게 보면 어떡하지?', '상대방과 관계가 나빠지면 안 되는데' 등 그 모든 걱정과 스트레스를 상대방 중심으로 생각한다.

그렇지만 중요한 것은 상대방이 나를 존중하게 하려면, 자기 스스로도 이를 위해 노력해야 한다. 직장에서도 어떤 사람은 상대방의 온갖 잡일을 다 해주고도 욕을 먹기도 하고, 또 어떤 이는 단 한 번 상대방을 도와줬을 뿐인데 감사인사를 받기도 한다. 어차피 도와줄 일인데 감사인사를 받을 것인지, 상대방이 당연하게 여길 것인지는 우리가 평상시에 어떻게 관계를 만들어냈는지에 따라서 달라진다. 따라서 사람들과 관계를 만들어나갈 때 자신의 상황과 마음을 무엇보다도 먼저 고려하는 것이 중요하다.

'내 마음은 괜찮은가?'

'내가 상대방과 어떤 관계를 만들어 나가고 싶은가?'

'지금 내 상황에서 상대를 도와줘도 되는가?'

'상대방의 말에 내가 기분 나쁜 것은 없는가?'

'다른 사람들의 요구가 나를 힘들게 하는 것은 아닌가?'

우리는 자신의 마음이 괜찮은지를 먼저 생각하는 습관을 만들어야 한다. 다른 사람들과 좋은 관계를 맺는 이유는 단 하나, 바로 '우리가 행복하기 위해서'이다.

내가 행복한 시간을
만드는 것이 중요하다

앞서 말했듯이 우리가 생각을 멈출 수 없다면 활용해야 하는데, 자신의 일에 활용하는 방법과 자신의 행복을 위해서 활용하는 방법이 있다. 인간은 자신이 좋아하는 것을 생각하면 행복해진다.

인간에게 있어서 행복의 수준은 정해져 있다. 혼자 있는 시간을 견디지 못하고 외로움을 느끼는 사람은 연인이 생기더라도 외로움을 느낀다. 혼자 있을 때 슬픔을 느끼는 사람은 다른 누군가가 주변에 있어도 슬픔을 느낀다. 환경의 문제가 아니라 자기 자신의 문제인 것이다. 스스로 자신의 행복감을 높이지 못하면 아무리 주변에 좋은 사람들이 많아도 행복감을 느끼지 못한다. 혼자서도 행복하게 시간을 보낼 수 있어야 사회생활을 할 때도 행복감을 느낄 수 있다.

자기와
연애하듯 살기

연인과 무엇을 하고 싶은가? 여행하면서 좋은 추억을 만들고, 예쁜

카페를 찾아가서 맛있는 커피를 마시고 영화를 보고 식사하고 와인을 마시고 함께 바닷가를 거닐고 집 앞의 공원을 산책하고 좋은 음악을 듣고 혹은 아무것도 안 해도 함께 있는 것만으로 충분하지 않을까?

　스스로 자기 자신과 잘 지내려면, 연인과 하고 싶은 것을 나를 위해서 하면 된다. 좋은 곳에서 맛있는 것을 먹고 행복한 시간을 보내는 것이다. 혼자 있는 시간에 자신이 행복한 일을 찾아서 하는 것이다. 혼자 있을 때 외로운 사람은 함께 있어도 외롭고, 자신을 사랑하지 못하는 사람은 타인을 사랑하지 못한다.

　어떤 사람을 용서하지 못한다는 말은, 한편으론 여전히 분노하고 용서하지 못하는 자기 자신을 미워하는 것이다. 자신을 용서하지 못하는 크기만큼 타인을 용서하지 못한다. 자신에게 불만이 많을수록 타인과 세상에 불만이 많고, 자신에게 만족할수록 타인과 세상에 만족하며 산다. 혼자 있을 때 행복한 사람은 타인과 있을 때도 행복하다. 자신을 사랑하는 법을 알고 있을 때 비로소 타인을 사랑할 수 있고, 혼자 자신과 잘 지낼 수 있는 사람이 타인과도 잘 지낼 수 있다.

네 탓이
아니야

〈나는 남자다〉라는 예능 프로그램에서 한 방청객이 MC에게 연애에 대한 조언을 구했다. 자신이 짝사랑하고 있는 사람에게 고백을 하고 싶은데 용기가 없다는 것이다. 용기를 낼 수 있게 도와달라고 말했다. 그 질문에 대해서 김제동이 대답했다.

"내가 고백할 권리가 있다면 상대방은 거절할 권리가 있다."
"고백하기 전의 고민은 내 몫이지만 고백한 후의 고민은 상대방 몫이다."

우리가 생각이 많은 이유는 바로 '상대방과 관계가 나빠지는 것은 아닐까?'에서 출발한다. 고민만 하다가 수없이 많은 기회들을 날리기도 하고, 머릿속에서 생각만 하다가 포기하기도 한다. 그러나 관계는 언제 어디서 어떻게 관계가 좋아지게 될지, 나빠지게 될지 그 누구도 장담하지 못한다.

TV드라마를 보면 재미있는 설정이 있다. 한 평범한 여성이 재벌 2세인 남성에게 따귀를 때리거나 물을 끼얹는다. 그리곤 남성이 여성에게

246

이런 말을 한다. "나에게 이렇게 행동하는 여자는 네가 처음이야"라고. 그러면서 한눈에 반한 듯한 표정을 짓는다. 대인관계에서 우리는 예상하지 못한 일들을 수없이 많이 경험한다. 아무리 노력해도 관계가 좋아지지 않기도 하고, 크게 신경을 쓰면서 도움을 주지 않았는데 상대방은 고마워하면서 보답하려고 노력하기도 한다.

우리가 할 수 있는 최선의 노력을 다 하지만, 그 모든 노력의 결과가 우리가 바라는 대로 되지 않을 수도 있다. 우리가 진심을 다해서 노력하지만, 상대방이 모르는 것이 상대방의 잘못도 아니고 우리의 잘못도 아니다. 우리가 노력하는 것은 우리의 몫이다. 하지만 노력하고 난 이후는 우리의 힘으로 어찌할 수 없는 것이다.

양궁을 할 때 과녁의 한가운데를 맞추기 위해서 집중을 하고 연습을 하고 노력을 한다. 활시위를 잡아당기고 정신 집중을 하고 화살을 쏠 때까지는 우리가 통제할 수 있고 노력할 수 있다. 하지만 활시위를 떠난 화살은 우리가 기도한다고 해서 과녁의 가운데에 박히지 않는다.

우리의 사회생활이나 관계의 문제도 마찬가지이다. 우리가 삶 속에서 맞닥뜨리게 되는 그 모든 상황에 우리는 최선을 다하지만 그 결과는 우리가 바라고 원하고 소망하는 결과가 나타날 것이라는 보장이 없다. 이

것을 통제가능성이라고 말한다. 최선을 다해서 노력하되 자신이 통제하지 못하는 결과는 받아들이는 것이다.

우리가 경험해왔던 수없이 많은 대인관계들을 다른 말로 인연이라고 부른다. 우리는 모든 사람에게 좋은 평가를 받을 수 없다. 우리를 좋아하고 따르는 사람이 있는가 하면 우리를 싫어하는 사람도 반드시 존재한다. 인연을 맺기 위해 노력하지만, 인연이 되지 않았다고 해서 괴로워할 필요는 없다는 것이다.

우리는 날씨를 선택할 수 없다. 우리가 선택할 수 있는 것은 날씨를 받아들이는 태도이다. 우리가 예민하게 태어나고 예민함 때문에 힘들고 스트레스를 받기도 하지만, 그 예민함을 우리의 강점으로 활용하는 것도 우리만이 할 수 있는 능력이다. 우리의 행복한 삶을 위해서 할 수 있는 것에 최선을 다하되 통제하지 못하는 것은 받아들이고 활용하는 지혜를 배워야 하지 않을까.